시인의 사진

NO. 1

시인의 사진 NO. 1

초판 1쇄 발행 | 2025년 10월 13일

글·사진 | 홍재운

편　집 | 디자인그룹 여우비
펴낸곳 | 도서출판 서정문학
펴낸이 | 차영미
주　소 | 서울시 강동구 성안로31길 57-10
전　화 | 02-720-3266　ＦＡＸ | 02-6442-7202
홈페이지 | http://cafe.daum.net/seojungmunhak
이메일 | sjmh11@hanmail.net
등　록 | 2008. 3. 10 제324-2014-000060호

ISBN 979-11-91155-63-1 03810
ISBN 979-11-91155-64-6(세트)

정가 19,000원

© 홍재운, 2025

*이 책 내용의 전부 또는 일부를 재사용하려면 반드시 저작권자와
 서정문학 양측의 동의를 받아야 합니다.
* 잘못된 책은 구입처에서 교환해 드립니다.

시인의 사진
NO. 1

글·사진 **홍재운**

서정문학

| 서문 |

빛이 사라지기 전의 찰나를 붙잡는 일이 있다. 말이 닿지 않는 자리에서 시작된 형상을, 언어로 번역하려는 습관 같은 일, 나는 그 둘 사이를 오래 서성인다.

사진은 세상의 겉모습을 가져오지만, 시인은 겉모습에 내면의 무늬를 입힌다. 보는 것과 느끼는 것 사이에서, 기록하는 것과 상상하는 것 사이에서, 그 경계가 흐려지는 순간을 수집하고 싶었다.

이 책은 '풍경'을 찍은 책이 아니다. 오히려 사유의 단면들을 붙잡으려 한 시도의 집합이다. 시인에게 사진은 또 다른 형식의 시다. 셔터는 행간이고, 빛은 바유이며, 프레임은 절제다. 이 책의 사진들은 모두 그런 '몽상의 시'이다.

내가 담은 이미지에 간혹 타인의 시선으로 서술했고, 때로는 지극히 개인적인 감각으로 기록되었다. 말 없는 장면에 '말'을 들여다보는 사람에게 이 책이 닿기를 바란다. 사진은 순간을 붙잡지만, 시는 시간을 관통한다. 이 둘이 함께 손잡은 자리에 이 책이 있다.

빛으로 쓴 시
침묵으로 남긴 문장
〈시인의 사진〉은 그 문장들의 지도이다.

CONTENTS

서문	5
덧칠하듯, 이어 붙이듯	12
사과와 콘크리트	14
춤추는 도시	16
그림으로 가는 길	18
나 비입니다	20
사진 읽기	22
제스처는 얼굴이다	24
퍼머링 중입니다	26
적막	28
색과 꿈의 데이터	30
색면 바다와 비현실 감각으로	32
비명을 저장한 나무	34
기억의 블랙박스	36
사진인가, 회화인가?	38
데칼코마니	40
피부 아래의 우주 혹은	42
비닐의 숲	44
존재와 폐기의 역설	46
한 송이의 시간 혹은 파편들	48
시간의 재구성	50
킬팅된 숲의 기억	52
콜라주 된 밤의 지도	54
분열된 몽타주의 시선	56
해체된 자화상	58
너무 많은 나로, 묻는다	60

자연과 인공의 이중 노출	62
무의식에 침투하는 비언어적 질문	64
현대인의 고독과 불안	66
무의식의 풍경	68
자아의 해체와 소멸	70
붉은 도시	72
색의 무의식, 풍경 이전의 풍경	74
도시 속 무의식의 초상들	76
분홍의 땅	78
녹색의 결	80
사진의 시각적 분석	82
의식과 무의식의 경계	84
전송, 얽히고설킨 하늘의 신경망들	86
녹색 미로의 정글	88
회화와 사진	90
피어나고	92
해 저무는 오후	94
시각적 방향과 흔적들	96
존재의 시간	98
침묵의 깊이	100
수평선 너머	104
지워지고 다시 선명해질 때	106
감자꽃	108
숲과 흰 벽이 있는	110
기억의 하드웨어/ 인터페이스	112
명동은 명동이다	114

흔적의 아이콘들	116
모이면 힘이 된다	118
움직인다	120
수평 허물기	122
바닥의 깊이	124
바라보기/ 시선 활용하기	126
봄날의 페르소나	128
개념적 병치	130
감각으로 읽기	132
만나고 이별하고 다 함께 익명	134
길 위의 사물들	136
길 밖으로	138
여행자의 눈	140
디자인합니다	142
다층적 시선	144
K2025호	146
떠돌고 있다	150
모든 방향의 기억 같아	152
반복되는 커서	154
철제 건물, 구름, 새	156
골목 뛰어넘기	158
사진의 구성 또한 디자인이다	160
순간 수집가	162
그리하여 눈앞이 온통	164
개념적 대비	166
틈새의 시선	168

멈추어 설 때가 있습니다	170
기억과 역사/ 지속적 사유의 공간으로	172
터널 속으로	174
시선의 해체	176
유리 뒤의 기척 – 몽상으로	178
다다의 형이상학	180
완성되지 않은 신체 – 철골 속의 존재론	182
은폐된 존재의 주름	184
투명해지는 의자가 있고	186
푸른 별의 눈에는 그날	188
바다가 보이는 은하	190
탐험하는 오브제들	192
상상 그 너머	194
개념적으로 읽기	196
눈과 눈에 대한 사적인 고찰	198
반영 속 자아 탐구	200
거인의 침묵	202
색과 색의 연금술	204
무한리필	206
나무의 꿈	208
별마당입니다	210
고래의 꿈	212
귀가	214
함께 흘러간다는 것은	216
뭉게구름	218
나의 푸른 고래수염	220
만선	222
사유의 방	224

덧칠하듯, 이어 붙이듯

이 사진은 이미지를 서로 겹쳐놓은 다중 기법이다. 다중은 카메라 조작을 하여 담을 수도 있고, 기록한 사진을 여러 장 겹쳐 새로운 방식에 접근할 수도 있으며, 포토샵으로 다중 효과를 만들 수도 있다. 이미지들이 수없이 겹치고 쌓으면서 변형되는 순간, 반복된 이미지가 형성하는 시각 예술은 새로운 의미로 기록된다.

무거운 가방과 종이봉투를 든 남자가 계단을 오르고 있다.

타일 같은 조형적 사각의 문양이 양 벽을 이루고 정면에 아치형 출구로 하여 지하철역을 빠져나오고 있는 것 같다. 반팔 반바지를 착용한 남자는 여름을 힘겹게 오르는 듯 한쪽으로 구부려져 있는 모습이 현대인의 힘든 삶처럼 낯설지 않다.

흑백은 모든 색을 제거한 암부 차이로 기록된 현장을 단순하게 보여주는 효과가 있다. 그렇게 각기 고유한 색을 제거해버리므로 흑백은 더욱 강렬한 메시지를 전달하곤 한다. 많은 말보다 짧은 한마디의 말처럼, 사진은 더 깊은 집중을 구현한다.

오르면서 끊임없는 계단을, 어둠 속에 빛을 다양한 방향으로 대상을 재구성하는, 작업은 보이지 않는 퍼즐을 찾아가는 것처럼, 서로 다른 공간에서 다양한 방향을 제시하고 있다.

사과와 콘크리트

이미지와 이미지가 겹치는 반영 사진은 거리에 민감하다. 가까운 창에서 반사된 사물의 시점과 화각 또한 렌즈의 기능으로 압축된다.

서점일까?

액자 속 사과는 반대편 건물을 반영하고 있다. 기둥 같은 진열대 위에 같은 책들이 쌓여있다. 행인은 보이지 않고 도로 위 검은 유리문, 전봇대, CCTV가 부착된 제한 속도 숫자가 이곳이 건널목임을 제시하고 있다. 밝은 부분은 사라지고 어두운 부분이 돋보이는 반영, 빛의 흐름으로 예측할 수 없는 시각적 감각을 전달한다. 화면 밖으로 나간 거대한 액자에 사과 한 알이 담겨있다.

붉은 사과의 표면은 단단한 건축물과 낯설게 중첩되면서, 익숙하지 않은 조합을 이루면서 이미지와 이미지의 결합은 새로운 시각으로 상상의 폭을 확장시키고 있다.

안과 밖이 겹치면 우리는 밖이 될까 안이 될까?
존재하는 현상들이 시선을 빼앗기면 그들은 사라진 것일까?

겹친 빛의 반사로 하여 각기 가지고 있는 사물의 핵심이 이탈하는 공간을 만든다.
변형된 반영들은 콘크리트를 아니 구름 위를 날아가는 베란다, 투명한 사과가 될 수 있다.
작가는 가시적 세계와 비가시적 세계에 대한 예측을 공간과 공간 사이에서 바라보고 있다.

어떤 계절인지, 국적과 장소를 알려주지 않지만 카메라 렌즈의 밀도 있는 발견은, 네모난 시선 안에 작동하는 뇌를 기록하듯, 내면에 잠자고 있는 감각을 여러 개의 이미지를 쌓아 올리는 방법으로 형상화하고 있다.

춤추는 도시

　인류는 어디까지 건축물을 쌓아 올릴까?
　　　　하늘을 향해 오르는 심리는 신에 대한 경의일까, 오만일까.
보이지 않는 절대의 능력보다 현실을 지배하는 발전이 문득 더 두려워질 때가 있다.

높이를 가늠할 수 없는 빌딩들이 휘날리고 있다.
푸른 하늘은 구름의 궤적을 만들어 더욱 율동적이게 한다.

아파트인 듯 업무용 빌딩인 듯 높이를 가늠할 수 없는 수직의 건물은 화면의 정중앙으로 질주하듯 모여든다. 모든 움직임은 원근의 축에서 하나의 덩어리로 거대해지려는 것인지, 아래서 위로 올려다본 앵글은 피사체를 더욱 돋보이게 하는 기법으로, 강력한 건축물의 느낌을 강조한다.

후 직업으로 실재의 건물을 변형시켜 가상의 세계를 보여준다. 단단한 기존의 콘크리트 재질을 자유자재로 구부리고, 유연하게 끌어올린다. 그리하여 단단한 형태의 물체를 유기적으로 이동시키므로 역동의 힘을 강조한 방식은 초현실적인 느낌으로 창조적이다. 균형과 질서가 허물어진 이미지들이 서로 어울려 새로운 감각으로 고정관념을 해체시킨다.

색채와 공간 그리고 이 세상의 모든 것들은 가시적이든 비가시적이든 어딘가를 향해 이동하고 있으며, 지금 이 순간에도 퇴색되어 간다는 것을 사진을 통해 말하고 있다.

하루가 다르게 변해가는 도시, 그 안에서 생활하는 사람들도 건물 못지않게 많은 변화를 거치면서 변화된 자아를 발견하고 있는 것이 아닐까?

건물이 포착한 인간의 모습은 어떤 표정일지 문득 발견이 두려울 때가 있다.

그림으로 가는 길

고가도로를 허물고, 물이 흐르는 천변으로 탈바꿈시킨 청계천은, 도심 속 오아시스처럼 시민의 휴식 공간이 되었다. 청계천에 흐르는 물과 나무를 담은 사진을 밑그림으로 작업한 작품이다.

사진을 회화처럼 변형시킨 기법은, 스트레이트 사진과 다른 느낌으로 터치한 붓의 모양이 그대로 전해진다. 사람이 보이지 않는 다리와 빛이 닿은 물의 반사 그리고 덧칠한 듯한 물감 표현들이 회화적 형태를 극대화한다. 풀과 나뭇잎들이 고흐의 사이프러스처럼 모네의 수련처럼 다가온다.

사실을 그대로 재현한 사진이 AI 및 기계적 도움으로 새롭게 재탄생하는 세상이다. 작가의 구성 의도에 따라 일상적 기억들이 전혀 다른 대상으로 표현하거나, 내면의 또 다른 질문으로 끌고 가, 형태를 변형시킨다. 기록은 때로 왜곡되어 전달되기도 한다.

사진인가? 회화인가?

이쪽도 저쪽도 아닌 프레임 밖에서 마주해야 하는 현실은, 바라보는 자의 몫이다. 각기 다른 표현과 감상으로 전달된 경험은, 우리에게 새로운 신비로 상상하게 한다. 시시각각 변하는 빛과 시간을 형상화한 인상주의는 사진에서도 종종 사용되는 표현 방법이다.

물감을 덧칠하듯 프레임 안의 대상을, 다르게 접근하는 방식은 장르를 허물어 창조적이게 하는 화법이고, 발견이고, 감각에 대한 도전이며 변화의 역동이 아닐까?

그리하여 사진은 창작이고 디지털 붓으로 빛이 되는 시각 언어이다.

나 비입니다

들어가지 마시오!

　실재 현존하는 당신의 개념에 시간과 빛, 색을 조율하는 방식입니다. 그리고 더 많은 보기의 질문을 부수며 나열하는 언어의 이미지입니다. 사진은 시각적 감각으로 기록한 한 편의 시, 낱낱이 드러나는 상처의 증언이고, 거부할 수 없는 순간의 재현입니다. 언어와 언어 사이에서 파생되는 이미지는 비가시적 공간으로 펼쳐지고 재생산됩니다. 하지만 완성된 결과물들은 전혀 다른 의미를 표출하기도 합니다.

　사진과 시의 경계에서 질문합니다.

　끊임없는 질문은 낯선 경계에서 풀리지 않는 상상력을 유발합니다. 사진과 회화, 보이는 것과 보이지 않는 것, 기표와 기의, 유발하는 방향의 모든 기호들, 증강하는 현대의 수많은 색과 드러낼 수 없는 사유지들을, 삭제한 나의 실험은 현재 진행 중입니다. 사라진 사물에서 프레임을 빠져나간 상상과 환유들까지 부유하는, 이 페이지는 가상 현실을 반복하는 나비입니다. 실은 심장이 반들거리는 언어의 표면입니다.

사진 읽기

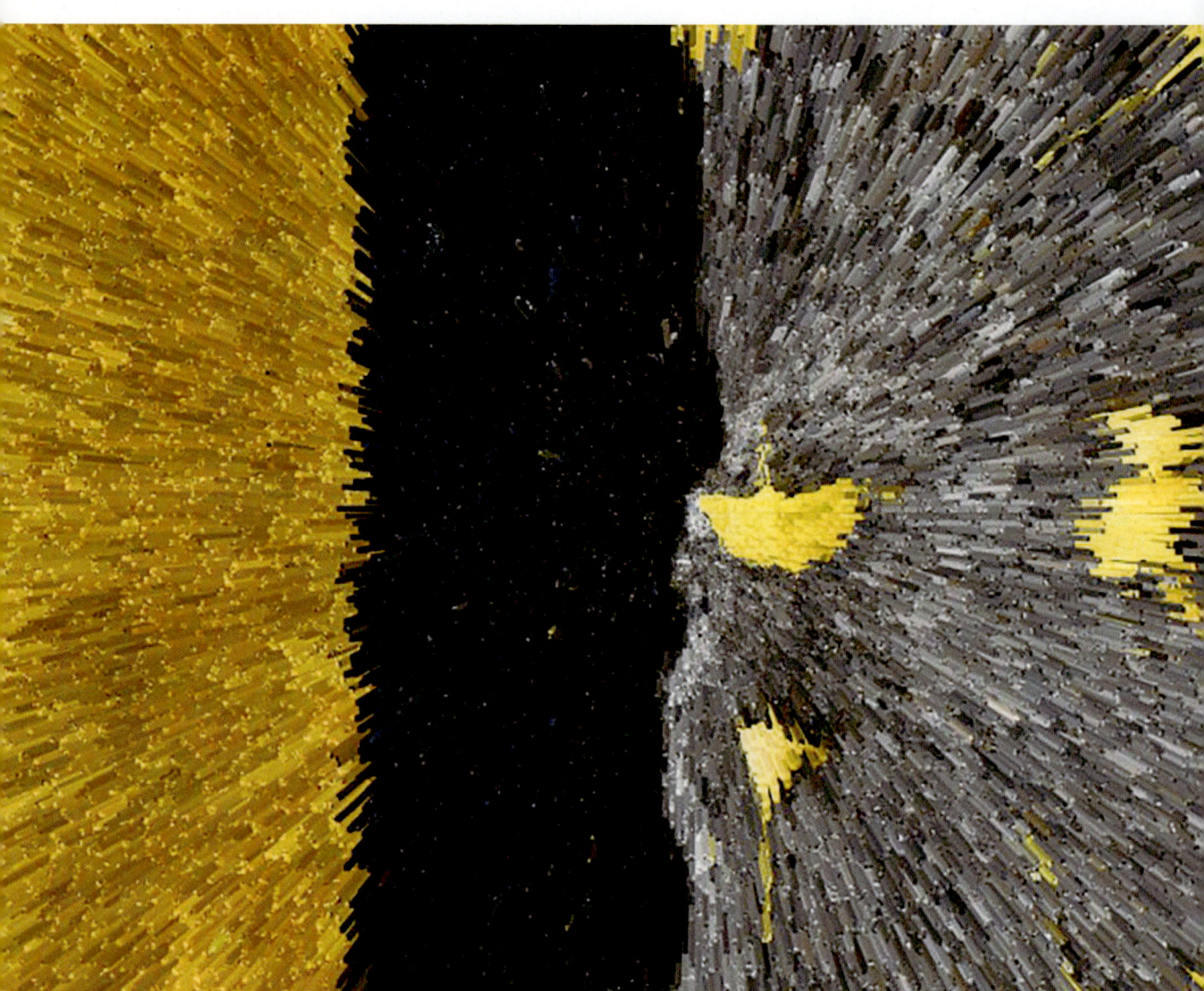

사진이 빛의 예술이듯, 떨어진 은행잎도 한 계절 꽃입니다.

바삐 걸어가다 마주친 계절, 도로 위 안전표시 선과 은행잎들이 발길을 잡습니다. 미술관에 걸린 작품처럼 매혹적입니다. 매일 지나가던 길도 멈추어 귀 기울여 보면, 그 틈에서 피어나는 사물의 낯선 시선으로 새로워질 때가 있습니다. 한때 화려했던 계절처럼……

도로를 장식하는 황금색이 단순히 차선으로만 보이지 않는 이유입니다. 요철이 심한 바닥으로 떨어진 나뭇잎 그리고 그 둘 사이를 가르듯 검은 아스팔트가 흘러갑니다.

위에서 내려다본 사진은 입체감이 없습니다.
조금 비켜서면, 빛의 방향이나 드리워진 그림자를 볼 수 있겠지요.

많은 부분을 삭제한 이미지는 함축함 그 이전의 이야기까지 전달하는 울림의 아이러니가 있습니다. 최소한의 색과 거리의 한 부분을 클로즈업한 사진입니다. 조형적이면서 미니멀한 발견에서 유난히 더웠던 지난여름을 돌아보게 하는 건 왜일까요?

마지막이나 아직 남은 시간 같은 감성으로 하늘이 더욱 높아지는 가을입니다.

제스처는 얼굴이다

흑백사진은 이미지에 집중하게 하는 힘이 있다. 허리를 중심으로 상체와 하체를 따로 분리해 두 개의 프레임을 사용한 딥틱이다. 같은 사람인지 다른 사람인지 어떤 얼굴을 하고 있는지 알 수 없는 이미지는 보이는 것과 보이지 않는 것에 대한 감정을 유도한다. 벽은 단절을 의미하지만 때로 기댈 수 있는 위로이고, 마주 보고 있는 자세와 돌아선 자세 또한 전혀 다른 의미를 내포하기도 한다. 손가락이 없는 장갑과 모자, 휴대폰은 동적인 자세로 현대를 살아가는 도시인의 익명성과 단절의 모습을 담고 있다. 운동화와 건강한 다리도 동일한 암시를 전달하지만 이들은 벽을 중심으로 서로 전혀 다른 방향이다.

같지만 다른 기준선을 형성하고 있는 시선이다.

때로 마주 선 얼굴보다 더 많은 이야기가 돌아선, 뒷모습에서 들릴 때가 있다. 멈추어 자세히 귀 기울일 때 비로소 내면의 깊은 골짜기가 보이는 초상이다.

극도의 정보만을 표출하고 있는 이 공간에서 오늘은 어떤 대화를 나누어야 할까?

벽은 엇갈린 감정을 사용하고 있다.

퍼머링 중입니다

색은 감정입니다. 도시 전체가 빛으로 시선을 유도합니다. 다양한 물체의 집합이 또 다른 객체들과 어우러져 사진의 분위기를 고양시킵니다. 그러나 어디에서도 사람의 모습은 보이지 않아요, 움직임이 포착되지 않는 거리에 빛은 또 다른 삶의 은유입니다. 밝았다. 어두워졌다. 간판이 열리고 상점의 문은 닫칩니다. 다층적으로 우리는 타인이 되어 굴곡진 길이를 표현합니다. 나와 상관없다고 여겼던 수많은 색과 빛의 관계들

그들은 어디에서 오고 무엇을 말하고 싶은지, 따듯해졌다가 차가워질 때 낯선 시각을 받아들일 때

주변에 묵은 채도를 높이거나 바꾸어야 하는 시작이 만들어집니다. 새로운 서사가 번져나가는 공간을 탐색합니다. 이토록 깊은 어둠은 어떤 방식으로 도발하고 빛을 발하며 적막한 색을 바꿀까요?

초점 없는 눈빛과 한 움큼의 생, 시간이 필요합니다.

적막

베란다를 밟고 그 밟은 그림자가 문턱을 넘고 있다 무방비 상태로 내부는 창에 놓인다. 텅 빈 혈관을 타고 흐르는 의자에 앉아 모래가 되는 눈동자, 마룻바닥의 오전과 오후, 없는 3월 사이, 일렁임이 발가락부터 집어삼키는 조용하지만 집요했다. 그는 발목 허벅지 가슴을 지나 왼쪽으로 기울어진 목덜미까지 침범하는 노출을 허용한다. 드러난 몸으로 닿은 햇살이

부풀었다 내 언어의 마지막은 우물이었을까?

검은 눈동자 기형의 물방울들이 초점을 잃은 채 흘러내리고 쏟아진 길 밖으로 그치지 않고 연분홍 노랑인데 오래 머물다 핀 동물원이었는데

잘린 오후를 들고 내 귀는 빠져나가는 파도를 따라가고 있다. 방안은 알아들을 수 없는 안부로

다시 캄캄해지고

색과 꿈의 데이터

그는 더 이상 바다가 아니다. 어떤 흐름이자 사라짐의 무늬, 한 사람이 걸어간 길이다. 하지만 바다는 그것조차 기억하지 않으려 한다. 모래 위의 발자국은 흐려지고 파도는 흔적을 지운다. 우리가 만난 해변은 단순히 풍경으로 끝나는 것이 아니라 어쩜 오래된 마음의 요철, 내면일 것이다. 사진은 어떤 실재의 순간을 포착하는 것이 아니라 '기억이 사라지는 그 순간'을 붙잡는다. 내가 좋아하는 탕기의 그림들이 추상적이고 유기적인 형상들로 꿈의 심연을 파고들듯, 이 사진 또한 모래와 물, 그리고 지워지는 자국의 경계에서 의식과 무의식을 밀물과 썰물로 보여준다. 여기서 바다는 더 이상 수평선 위의 자연이 아니라 잊힌 것들로 이루어진 내면의 지도다. 그리고 그 위를 걷는 존재들, 혹은 매 순간 사라져 간 기억이다. 여기 한 컷의 기록은 해변을 걷다가 문득 뒤돌아선 나의 흔적이다. 돌아섬은 시선의 반전이고 그것은 '현실을 뚫고 나아가는' 나의 첫걸음일 수도 있다. 그 순간의 감정, 지워지기 직전의 자국을 포착한 이 장면은 화가가 물감을 통해 불러냈던 잊힌 세계의 감각적 진실과 맞닿을 것이다. 나는 메모리를 채워나갔고 파도는 아직 도착하지 않은 나를 남긴 채 멀어져 갔다. 바다는 프로토콜을 기억하지 못하는 것일까?

그는 한 번도 같은 모습이었던 적이 없다.

색면 바다와 비현실 감각으로

현대 사진이 '기록'을 넘어서 '기체험'을 말하기 시작한 것은 오래되지 않았다. 눈에 보이는 파도의 물결은 더 이상 바다가 아니다. 그것은 하나의 감각적 사건이며 시각 너머에 위치한 지각의 틈이다.

이미지는 바다를 찍었으나 바다를 지워낸다. 남은 것은 침묵과 색, 붉은 바다는 더 이상 색으로 머물지 않는다. 그것은 감정이기 이전의 감각 또는 감각되기 이전의 의식이다. 이 앞에서 나는 더 이상 '해변'을 읽지 않고 '붉은 침묵'을 느낀다. 마크 로스코의 색면 회화가 그러하듯, 이 이미지 또한 스펙트럼의 분화가 아닌 하나의 감각 덩어리로서 내 앞에 놓인다.

그러나 사진이 회화와 차이가 있다면 이 사진은 '파도'라는 시간의 요소를 포함하고 있다는 점이다. 흐르는 경계, 부서지는 선, 물은 색을 물들인다. 색은 물을 삼킨다. 그 안에서 우리는 사물과 감각의 주종관계가 해체되는 순간을 목격한다. 세계를 보기보다 세계에 의해 보이듯이,

'본다'는 감각을 의심받는다. 붉은 지각은 마치 스스로 빛을 발하며 우리를 감각의 외곽으로 밀어낸다. 보는 것이 아니라 보는 것에 삼켜진다. 이 사진은 하나의 색면이자 하나의 실존이다. 바다는 없고 시간은 물결치며 꺾인다. 그리고 우리는 묻는다.

그것은 감각이었는가, 혹은 기억이었는가?

비명을 저장한 나무

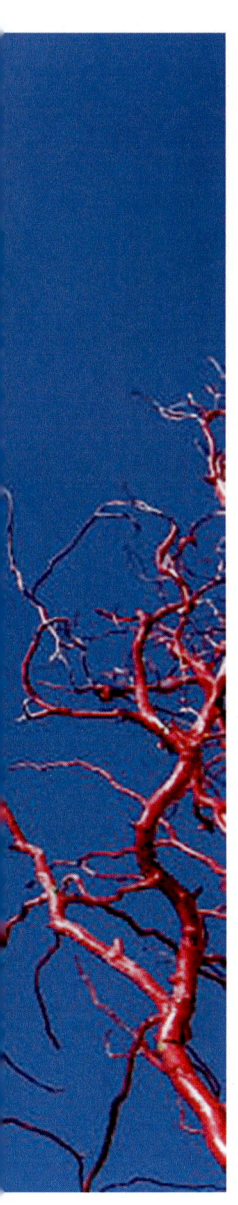

이 사진은 흔들린 지도이다. 언어가 소멸한 이후에도 남는 형상이며 발화 이전의 감정, 혹은 단어가 되지 못한 감각의 결정체이다. 푸른 하늘을 배경으로 솟아오른 이 붉은 나무들은 생명이라기보다는 신경계에 가깝다. 감각을 뻗으며 진동하고 의지를 발화하지 못해 파열된 말의 잔해처럼 보인다. 여기 '붉음'은 경고나 파괴가 아니라 기억의 색이다. 아주 깊은 무의식, 아주 오래된 비명, 언어가 없던 시간의 감각– 이 모든 것이 나무에 기록되어 있다. 또한 이 나무의 휘어진 가지들은 진부한 직선의 질서를 거부한다. 이건 단순한 왜곡이 아닌 존재 방식 자체의 대안이다. 무언가를 잃고도 살아남은 형체 그리고 잃어버린 그것을 여전히 지닌 몸짓, 사진의 구도는 하늘을 바라보는 시점을 통해 관객을 '바닥'이 아닌 '공중'에 위치시킨다. 그리하여 우리는 무의식처럼 뻗어나가는 이 붉은 가지들의 일부가 된다. 이 사진은 결국 이렇게 말한다.

너도 말이 되지 못한 적이 있지 않니?

기억의 블랙박스

어떤 사물은 말이 없지만 너무 많은 이름을 가지고 있다.

하늘과 바다는 색을 버리고 서로를 닮아내고 있었다. 모래 위에 묶인 시간, 그것은 단단히 결속된 질문이었다. 질문은 이미 오래된 별처럼 식어있었고, 파문을 타고 밀려온 채 다시금 멀어져 갔다.

   이 포대는 갈라진 행성의 입구 같아, 어떤 철학자의 도서관을 떠올렸다. 미로 같은 페이지가 밀려와 가장자리를 뱉어내고 있다. 이곳은

   바다가 아니라 우주였다. 파도는 혀가 아니라 중력의 주름이었고, 모래는 태초의 먼지였다. 은하계가 되지 못한 백만 개의 실패들.

   나는 여러 각도에서 그것을 바라보았다. 정면에서는 '질문'이었고, 측면에서는 '등을 돌린 신'이었다. 하늘에서 보면 마치 누군가 잊고 간 '지도 위의 사물 기호' 같았다. 들여다볼 수 없는 내부, 거기에는 소리 없는 도서관이 있다. 모든 존재의 사본들이 묶여 있는 읽히지 않은 차원의 아카이브.

   바람은 오지 않았다. 침묵만이 부유했다. 시간은 늘 묶이는 쪽으로 기울었고 나는 점점 기울어지는 사고로 무게를 견뎠다. 아마 그 포대는 오래전 너는 천체의 메아리일 것이다. 해변에서 나는 소리 없는 폭발을 체험한다.

   우주는 이제 바다에 묶였고 나는 그것을 이백 일째 바라본다. 바라보는 눈이 늘어날수록 미로는 바뀐다. 말이 많아지면 진실은 분열된다. 질문이 사라지면 존재마저 흩어진다. 그리고

   여전히 바다는 말을 걸지 않는다. 내 안의 우주도 침묵한다. 그러나 우리는 사물의 언어를 꿈꾼다. 묶인 것의 속삭임을, 기억의 방향을, 그리고 지도에 없는 무게를 해변에 내려놓는다.

   말할 수 없기에 오인된 덩어리로 굽은 행성, 목 없는 모래알들이 젖은 발목을 휘감고 있다.

사진인가, 회화인가?

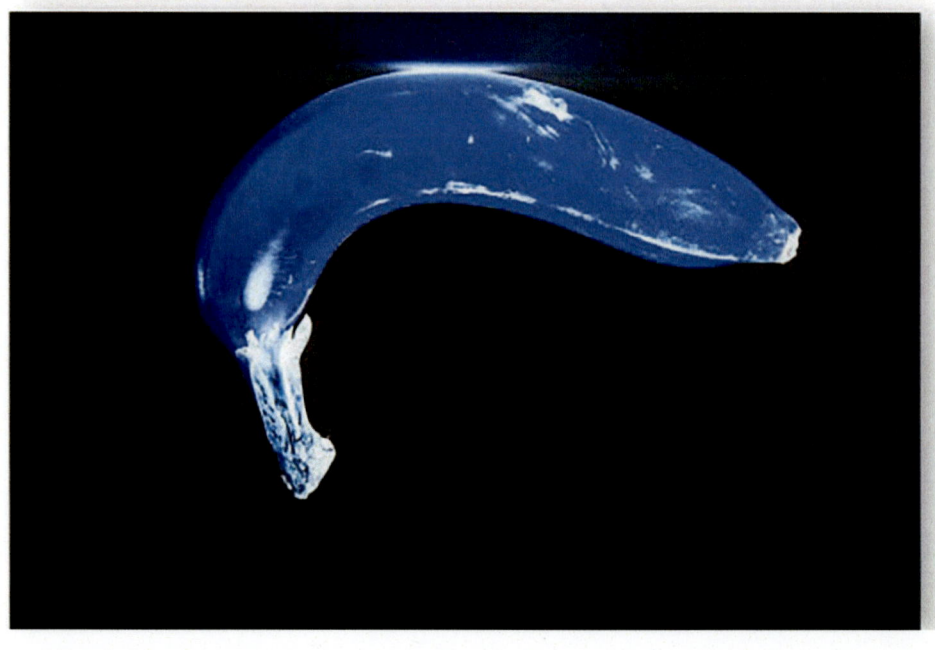

정물, 사진, 그리고 재현의 재해석

서양 미술사에서 정물화는 오랫동안 주변부에 머물렀다. 신화나 인물화처럼 서사를 지니지 않는 정물은 그 자체로 '침묵하는 이미지'였다. 그러나 바로 이 침묵이야말로 정물화의 본질이자, 회화의 본질적 질문 '무엇을 어떻게 그릴 것인가'를 가장 명료하게 드러내는 장르였다.

네덜란드 황금기의 정물화는 과일, 꽃, 도구 등의 일상적 대상을 통해 죽음, 소비, 쾌락, 시간의 무상함을 은유했다. 뒤이어 세잔은 정물을 통해 사물의 형태, 구조, 질량을 재해석했고, 그의 회화는 근대 회화의 구조적 실험의 중심이 되었다.

나는 이 고전적 장르와 마주하면서, 그 회화적 유산을 사진이라는 현대적 매체로 번역해 보려 했다. 카메라 렌즈를 통해 정물을 구성하고 포토샵이라는 디지털 도구를 활용하여 그 이미지를 회화처럼 가공했다. 이 과정에서 나는 단순한 재현을 넘어서, '회화가 되고자 하는 사진', 혹은 '디지털로 다시 그려진 정물'을 구축하게 되었다.

이 작업은 회화와 사진 사이의 오래된 긴장을 이어받는다. 롤랑 바르트는 사진을 '죽음의 예고'라 했고 반면에 회화는 여전히 '재현의 가능성'을 지닌 매체로 기능한다. 나는 이 두 매체 사이의 경계에서 이미지가 어떻게 존재하는지를 질문하고자 한다. 정물은 더 이상 가만히 머물러 있지 않으며, 사진 또한 단순히 기록의 도구에 머물지 않는다.

여기서 과일은 순순한 대상이 아닌, 이미지 실험의 재료이자 미술사적 기억과 매체적 재구성의 교차점에 선다. 나의 작업은 결국, 고전성과 동시대성, 사실성과 가상성, 회화와 사진이라는 이중의 코드 속에서 '정물의 현재적 의미'를 탐색하려는 시도에서 시작되었다.

데칼코마니

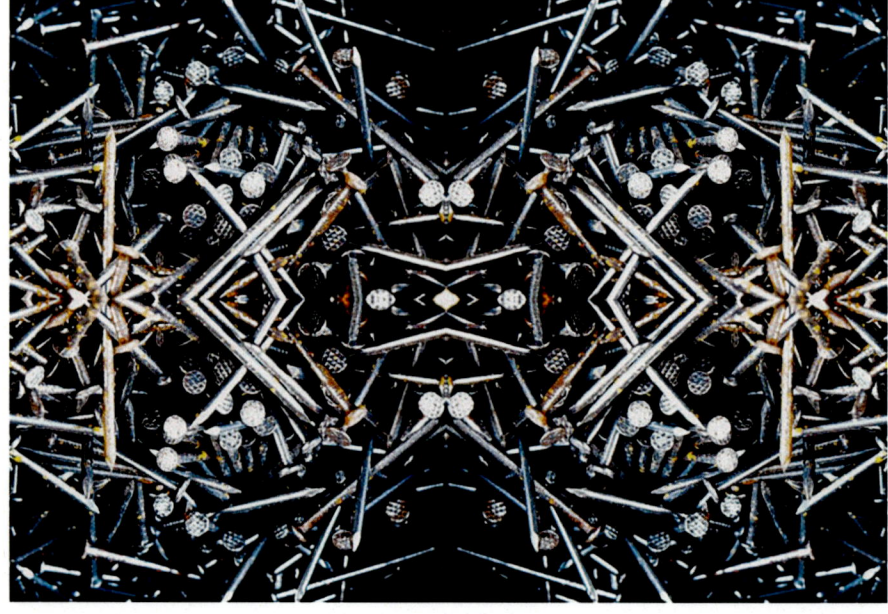

데칼코마니는 흔히 '대칭'의 이미지로 이해되지만 나에게 그것은 경계의 혼란이자 정체성의 이중성에 관한 탐구였다. 거울처럼 마주한 형상들 속에서 우리는 종종 '같은 것'의 반복이 아니라 '다른 나'를 발견하게 된다.

이 작업은 사진이라는 매체를 통해 반복과 대칭의 형식을 차용하면서, 그 안에서 발생하는 미세한 차이, 어긋남의, 그리고 왜곡된 자아의 흔적을 포착하고자 했다. 완벽하게 겹쳐질 것 같은 이미지들 사이에는 언제나 균열이 존재한다. 그 틈은 나에게 무의식이 스며드는 문이자, 인식의 경계가 흐려지는 지점이다.

데칼코마니는 원래 의도하지 않은 흔적과 얼룩을 통해 새로운 형상을 생성한다. 이 작업 또한 그러하다. 나의 개입은 최소화되었으며, 이미지들은 스스로의 방식으로 분열하고 접합되며, 그 과정을 통해 낯선 시선과 조우하게 된다. 나는 그것을 '의도된 우연', 혹은 '조형화된 무의식'이라 부르고 싶다.

이 사진들은 나와 세계, 현실과 환영, 주체와 타자 사이에 드리운 반사와 반복의 이미지다. 그것은 결국, 나 자신이 어디까지 나인지 경계의 바깥에는 또 어떤 내가 있는지를 묻는 시도이기도 하다.

피부 아래의 우주 혹은

피부를 촬영할 때, 나는 단지 신체의 일부를 찍은 것이 아니다. 기억의 표면 혹은 시간이 접힌 지도를 읽는 것이다.

이 사진은 확대된 손바닥의 주름을 담고 있지만, 주름진 시간의 표면에 대하여 그 무늬는 잎맥이기도 하고, 물길이기도 하며 먼 은하계의 궤도 같기도 하다. 그만큼 이 표면은 "무한한 내면의 입구"다. 실존주의 철학자 메를로퐁티는 인간의 몸은 단지 '보이는 대상'이 아니라, 세계와 접촉하는 감각의 첫 기관이자, 주체 그 자체라고 했다.

이 표면은 말한다. 손바닥은 많은 것을 쥐었고, 놓았고, 무언가를 안았고, 때로는 밀어냈다. 이 주름은 그 모든 행동의 흔적이자, 감정의 흔적이다. 마치 오래된 책장의 모서리처럼, 이 주름은 우리가 산다는 것의 구체적 증거를 고요히 증명하고 있다.

피부가 흔들리는 빛을 받아 반투명하게 떠오르는 이 장면은, 하나의 몽환적 풍경, 혹은 자신의 안쪽을 관찰하는 꿈처럼 보인다. 주름은 주체의 복잡성으로 내면의 구조를 설명한다. 모든 주름은 존재 자체로 사유의 깊이를 의미한다. 내면을 향해 휘어진 시간으로 나아가고 주름은 멈추었던 움직임의 모든 기록, 삶의 파편이다.

이곳은 한 사람이 가만히 숨 쉬는 곳이다. 움푹 파인 길 속에서 매일 밤 은하수가 되는 해변이고, 언니를 두고 온 진달래 동산이며, 내 발자국이 자기 스스로를 증명하는 가장 깊은 기록, 숨길 수 없는 육체의 리얼리즘, 벌거벗은 표면이다.

비닐의 숲

뿌리인가, 가지인가?
　뒤집힌 세계의 문법 같은 이 사진은 하늘에서 아래로, 위로 퍼져나가는 것처럼 보인다. 마치 뒤집힌 세계가 우리를 내려다보고 있는 것 같다. 현실이라고 믿는 것은 감각의 위장일 뿐, 본질은 늘 무의식의 반사면에 떠 있다.

　이 가지들은 자라지 않는다. 이들은 환각처럼 늘어선 촉수이자, 죽음 이후에도 뻗어나가는 세계의 그림자다. 이 세계는 죽은 생명과 살아있는 폐기물이 공존하는 괴기한 콜라주다. 비닐은 나뭇잎을 대체했고 광택은 이파리의 숨결을 압도한다. 우리는 묻는다. 이 뿌리는 무엇에 닿아 있는가?

끊임없이 움직이지만 그 어디에도 만족하지 못한 채 살아가는 현대인처럼 이 비닐은 썩지 않는다. 시간을 거부하는 이 물질은 오히려 시간을 포획하고 그 고통의 기억을 저장한다.

비닐은 투명한 유령처럼 배경을 뒤덮고 있으며 빛을 반사하고 흔들리며 감각을 속인다. 이들은 이제 더 이상 자연을 파괴한 인공물이 아니다. 이제 비닐은 현대인의 피부, 도시의 숨결, 존재의 또 다른 외피가 되었다.

어쩜 인간은 이제 더 이상 땅 위에 서 있는 생물이 아닐지 모른다. 인간은 플라스틱 위에 부유하는 자아의 형상이다. 비닐은 감싸지만 숨기고, 덮지만 비추며, 부드럽지만 매몰시킨다. 이러한 양면성의 미학이 바로 이 사진이 우리에게 거는 철학적 질문이다.

자연은 더 이상 밖에 있지 않다. 자연은 인간 내부에서 썩고 있다. 가지처럼 뻗은 이 선들은 뇌의 신경망이기도 하다. 그리하여 이 사진은 환경과 뇌, 외부와 내부, 생태와 정신을 연결하는 메타포의 그물이다. 기억의 파편, 시대의 각질이다.

이 사진의 진짜 무게는 환경의 심각성에만 있지 않다. 그 환경에 섞인 현대인의 정체성에 있다. 우리는 더 이상 나뭇잎을 보지 않고 그림자의 조형만 쫓는 존재다. 사진은 묻는다.

우리는 투명한 외피 안에서 무엇이 되고 있는가?
그리고 우리는 어떤 껍질을 남기며 사라질 것인가?

존재와 폐기의 역설

사진은 파도 위에 흐르는 은유를 품고 있다. 그러나 그 파도는 더 이상 물이 아니라, 압축된 기억이다. 쓰레기로 쌓은 빌딩, 문명의 부스러기들은 마치 고대 유적처럼 정적이면서도 섬뜩한 웅장함을 갖는다. 인간이 남긴 껍질들이 다시 자연을 덮는다. 그것은 미래의 고고학이 될 수도 있다.

멀리 보이는 등대는 이 이미지의 가장 절묘한 반어다. 등대는 길을 비추는 존재지만, 이 장면에서는 아무도 그 불빛을 향해 가지 않는다. 인간은 이미 자신이 만든 세계 속에서 방향 감각을 잃었다. 바다는 더 이상 정화의 상징이 아니며, 파도는 쓸고 가는 것이 아니라 퇴적된 플라스틱의 광기 위에 머문다.

이 사진은 인간의 창조성과 파괴성이 뫼비우스의 띠처럼 뒤엉킨 결과물을 적나라하게 제시한다. 건설과 폐기의 경계가 사라진 문명의 해변에서, 인간은 신이 아니라 거대한 무의식의 엔트로피를 배설하는 존재로 그려진다. 그러나 동시에 이 이미지는 묻는다.

인간이 이토록 철저하게 망칠 수 있는 존재라면, 그 반대로 다시 구성할 수는 없는가? 이 무거운 이미지 속에는 희미한 희망의 질문이 감춰져 있다.

이미지를 읽는다는 것은, 그것이 말하지 않는 것을 듣는 일이다. 이 사진은 외치지 않는다. 대신 침묵의 밀도 속에서 생태의 울음과 인간의 윤리를 소환하고 있다.

한 송이의 시간 혹은 파편들

한 송이의 꽃은 이미지를 조각낸다.
이것은 하나의 생명체가 자신의 내면을 침식당한 채 무의식의 거울 앞에 흩뿌려진 상태다.

사진은 연속된 시간의 흐름을 따르지 않는다. 피어오름, 만 개, 시듦이라는 생의 서사를 거부하고, 현재의 꽃 한 송이를 다중 시점에서 절단한 후 병치한다. 그 병치에는 시간적 위계가 없다. 피기 전과 시든 후가 동시에 존재하며, 죽음과 생명이 한 얼굴 안에서 공존한다.

한 송이의 꽃은 존재하는가? 존재는 점인가? 파편인가?

기억의 조각과 감각의 해부학은 이 이미지 안에서 새로운 생명력을 얻는다. 분해된 꽃잎은 단순한 형태의 확대가 아니라, 의식과 감정의 주름들이다. 우리가 한 인간을 바라볼 때, 한 방향에서만 인식하지 못하는 것처럼, 이 꽃도 한 방향으로는 도달할 수 없는 자아의 다면성을 드러낸다.

뒤샹이 말했던 "정물의 비정지성"이 여기서 재현된다. 꽃은 움직이지 않지만 사진은 꽃의 존재를 공간적으로 휘게 한다. 그것은 기억 속에서 무너지고 다시 조립되는 정체성처럼 몽환적이다. 이미지에는 슬픔이 없다. 시듦조차도 하나의 감각적 가능성으로 받아들이는 초월적인 시선이 있다.

존재란 시들기 때문에 아름다운 것이 아니라, 시들어도 여전히 '존재하는' 것이기에 아름답다.

시간의 재구성

몽타주란 시간과 공간의 일직선을 해체하는 기법이다. 러시아 구성주의자들과 프랑스 아방가르드 영화감독들이 사랑했던 이 방법은 '전체는 부분의 단순한 합이 아니다'

라는 명제를 시각화한다.

하늘은 더 이상 하나의 하늘이 아니다. 그것은 복수의 시간, 복수의 감정, 복수의 인식이 병렬적으로 존재하는 의식의 구조물이다. 이는 '동일한 하늘을 바라본다는 것은 환상에 불과하다'는 선언처럼 보인다. 마치 꿈에서 본 풍경을 깨어나서 다시 그려보려는 시도처럼, 하늘은 조각조각 떠올려지며, 결코 완전한 재현에 이르지 못한다.

대지 위의 건물과 철탑은 최소한의 사실성을 유지하고 있다. 그것은 마치 꿈속의 유일한 잔재처럼, 우리가 여전히 이곳에 발을 딛고 있다는 은유로 존재한다.

이미지의 핵심은 시간의 재구성이다. 몽타주 기법은 단순한 공간 콜라주를 넘어서, 비연속적인 감각의 겹침, 그리고 무의식적 연상의 시각화로 확장된다. 초현실주의자들이 꿈과 현실의 경계를 허물었듯, 이 사진은 하늘이라는 개념 자체를 해체하고 다시 조립한다. 하늘은 더 이상 감정의 배경이 아니라, 해석의 격자다. 감정은 흘러내리는 것이 아니라, 잘려 나뉘고 겹쳐진다.

대지는 하나의 시간, 하나의 계절을 가리키지 않는다. 초록과 갈색이 나란히 놓인 땅은 생성과 소멸, 기억과 망각, 가능성과 종결을 동시에 품고 있다. 그 경계에 놓인 작은 구조물은 기억의 중계탑처럼 보인다. 전파는 보이지 않지만, 이 장면 전체가 하나의 신호이다.

이 사진은 몽타주라는 기법을 통해, 우리가 흔히 하나로 받아들이는 것을 여럿으로 분해한다. 하늘은 더 이상 신의 세계가 아니라, 의식의 스크랩북이다. 이 작품은 '하늘은 하나일 수 없다'는 선언을 통해, 기억, 인식, 감정의 복수성을 시각화하고 있다. 초현실주의는 그 틈을 응시하며, 존재의 감각을 실험한다. 그리고 이 사진은 그 실험의 한복판에 있다.

킬팅된 숲의 기억

사진은 실제의 숲을 보여주는 것이 아니라, 숲이라는 개념 자체를 감각적으로 재조립한 풍경이다. 킬팅 기법을 통해 겹쳐진 나무들은 더 이상 독립적인 존재가 아니다. 각각의 나무는 그 존재의 경계가 무너져 있고, 서로의 잔상 속으로 스며들며 하나의 집단적 기억을 이룬다. 마치 나무가 아닌 나무가 되었던 것들의 유령들처럼.

빛과 색은 한 방향으로 뻗어나가지 않는다. 오히려 이 사진은 시선이 미끄러지는 공간이다. 세로 방향으로 흐르는 선들은 안정적이지만, 그 반복성과 흐릿함은 시각적으로 흔들린다. 킬팅이란 원래 조각을 꿰매어 하나의 천으로 만드는 작업이다. 이 사진은 나무라는 조각들을 꿰매어 숲의 환상을 만든다. 하지만 명확하지 않은 숲, 형태는 있지만 실체는 없는 듯 흘러내린다. 그리하여 이 사진은 시각적 정체성의 해체와 몽환적 환유로 기능한다.

초현실주의가 그러하듯 이 작품은 '무의식의 시각화'와 '실재의 변형'에 닿아있다. 이 숲은 존재하지만, 분명히 보이지 않기 때문이다. 우리는 이 나무들을 알지만 그 구체를 붙잡을 수 없다. 이는 꿈속에서 알고 있는 사람의 얼굴이 계속 바뀌는 감각과 유사하다. 이 숲은 실재가 아니라, 실재의 감정이다.

색의 배치는 가을의 황금빛, 초겨울의 회색빛이 겹쳐져 있다. 이것은 계절의 시공간이 동시에 존재하는 몽환적 상태를 암시한다. 우리는 지금 이 숲을, 어느 계절에 보고 있는가? 이 질문은 의미 없다. 왜냐하면 이 숲은 계절이 아니라 기억의 시간으로 존재하기 때문이다.

사진은 나무의 몸체만 남기고, 나무의 삶과 시간을 제거한다. 이로써 나무는 존재가 아니라, 존재했던 형식의 흔적으로 남는다. 그러나 아이러니하게도 이 흐릿한 흔적들 속에서 우리는 더 강렬한 존재감을 느낀다. 마치 이 숲 전체가 하나의 살아 있는 유기체처럼 호흡하는 듯하다. 선이 숨을 쉬고, 색이 생각을 한다.

그것은 기억에 남은 숲의 정서이며, 내면 풍경으로 변형된 외부 자연이다. 킬팅이라는 기술은 단순한 시각적 효과를 넘어서, 시간, 감정, 기억, 존재의 층위를 한 화면에 겹겹이 바느질한 시각적 시라고 할 수 있다.

콜라주 된 밤의 지도

거대한 달이 들판에 내려앉았다. 초현실적 상상이 아닌 존재론적 위치의 오류다. 달은 하늘에 있어야 한다는 전제를 무너뜨리는 순간, 빛은 어디에 머물러야 하는가? 이 사진은 그 질문에 대한 시각적 응답이다.

콜라주 기법은 서로 다른 차원의 숨결을 한 장면에 포개는 기술이다. 그리하여 여기, 밤의 들판 위를 따라 그어진 발자국 같은 길은 현실을 버티는 직선이 아니라, 현실과 환상의 봉합선이다. 누군가 걸어간 자리는 시간의 주름처럼 들판 위에 남았고 그 끝에는 달이 놓였다.

비감정적인 신화처럼 달은 대상이 아니라 목적이며 우리가 닿을 수 없는 은유의 상징이다.

이 사진이 흥미로운 이유는 달의 위치가 아니라 그 달에 도달한 길 때문이다. 달은 천상의 빛이 아니라 길 위의 종착지이며 어떤 선택의 결과물이다. 이 장면에서 우리는 빛을 따라가는 것이 아니라 빛을 향해 걸은 누군가의 부재를 따라가게 된다. 그 부재가 만들어낸 선명한 길은, 무수한 밤을 건너온 존재의 궤적이자 이질적인 감정의 선 긋기이다.

이 작품은 아름다우면서도 깊이 전복적이다. 그 이유는 달은 하늘에 있어야 한다는 상식을 해체하고 빛의 위치를 뒤바꾼 후, 그 빛으로 걸어간 존재의 흔적을 남겨두었기 때문이다. 사진이 묻는다. "당신도 저 달을 향해 걸을 준비가 되었는가?" 왠지 아름답고도 쓸쓸한 물음이다.

분열된 몽타주의 시선

사진은 나무를 보여주지만 그 나무는 완전한 존재가 아니다. 나무는 조각나 있으며 프레임 단위로 해체되어 있고, 서로 어긋난 시점으로 포개어진 기억이다. 우리는 여전히 그것을 나무라고 인식하지만 이 나무는 더 이상 나무로서 자라지 않는다. 그것은 시각적 조작 위에 놓인 환영이며 보는 행위 자체에 대한 질문을 던지는 구조물이다.

몽타주란, 단순한 이미지의 나열이 아니라 서로 다른 시공간, 감정, 시점을 병렬적으로 배열하여 하나의 상징적 충격을 만들어내는 기법이다. 이 작품에서 몽타주는 "나무를 본다는 행위는 무엇인가?"라는 질문에 답하고자 한다.

각 프레임은 동일한 사물을 다른 각도, 다른 거리, 혹은 다른 시간에 포착한다. 그 겹침은 논리적이지 않고 감각적으로 구성되어 있다. 이는 피카소나 브라크가 회화에서 시도했던 다중 시점을 사진의 평면 위에 구현한 하나의 큐비스트 콜라주다. 보는 자의 시선을 분할하고 혼란시키며 조정한다는 것이다. 전체는 환영으로만 존재할 뿐, 실재는 다만 조각일 뿐이다.

나무는 기억의 방식으로 존재한다. 이 사진은 결국, 기억을 어떻게 구성할 것인가에 대한 이미지적 대답이다. 하나의 존재를 하나의 프레임에 담는 것은 불가능하다는, 즉 총체적 인식은 불가능하다는 선언이다. 그러므로 이 나무는 실제의 나무가 아니다. 그것은 관찰의 파편, 인식의 큐브, 감정의 조립째다. 우리는 이 나무를 통해 나무가 아니라 시선의 구조를 본다. 이 작품은 말한다

"모든 존재는 조립 중이다."

해체된 자화상

이 사진은 얼굴을 기록한 것이 아니다. 얼굴이라는 개념이 얼마나 불안정한 구조물인가를 한 장의 이미지로 드러낸 포토 큐비즘의 실험적 실현이다. 회화의 큐비스트들이 입체의 깊이와 시간을 평면에 압착시켜 다중 시점의 혼합을 시도했던 것처럼, 이 사진 역시 하나의 얼굴을 여러 시간과 위치에서 동시에 바라본 흔적들로 구성되어 있다.

인물은 더 이상 정면성을 가지지 않는다. 오른쪽 뺨은 왼쪽 눈에 겹쳐지고, 입술은 두 개로 보이고, 눈빛은 여러 방향으로 분열되어 '나는 나를 볼 수 없는 나'라는 형이상학적 불가능성을 시사한다.

사진은 정체성이라는 환상을 도려낸다. 우리가 자화상이라고 믿고 있는 것은 사실 수많은 이미지, 감정, 고통, 역사, 각도, 의심, 기억의 레이어일 뿐이다. 이 레이어들이 겹쳐질 때 "나"라는 인물은 명확해지는 것이 아니라 불명확해진다. 혼란스러운 재조립을 통해서만 나는 나를 감지할 수 있다.

정면은 정면이 아니다. 인물은 완성되지 않는다. 사진은 말한다. 너는 하나의 얼굴이 아니다.

이 메이킹 포토는 한 사람이라는 통일된 존재에 대한 질문을 던진다. 얼굴은 하나가 아니라 다수이며, 사진은 진실을 찍는 것이 아니라 진실이 어떻게 틀어져 있는지를 보여주는 거울이다. 이 작품은 '초상 사진이 어떻게 자화상을 전복하는가'에 대한 정교한 시각적 논문이자 '우리는 누구인가'라는 질문에 대한 큐브 단위의 비언어적 시적 응답이다.

너무 많은 나로, 묻는다

사진은 현대인의 가장 근원적인 질문 중 하나인 자아의 분열을 섬세하면서도 강렬하게 시각화한다. 하나의 온전한 자아가 어떻게 수많은 파편으로 쪼개지고, 심지어 그 존재마저 불분명해지는 지를 마치 꿈속의 풍경처럼 그려낸다.

화면 왼쪽에는 두 개의 실루엣이 선명하게 서 있다. 하나는 진한 그림자로 뚜렷이 존재하고, 다른 하나는 희미한 빛으로 반투명하게 드러난다. 이들은 마치 '나'라는 존재의 현재와 과거,

혹은 의식과 무의식, 또는 완벽하게 보존된 본래의 자아와 그 그림자를 표현하는 듯 보인다. 이들은 단단한 지평선 위에 서서 오른쪽을 응시하며, 어떤 변화를 목도하고 있음을 암시한다. 그들의 모습은 아직 분열되지 않은, 혹은 분열의 과정을 시작하려는 '나'의 원형을 나타낸다.

하지만 시선을 오른쪽으로 향하면, 풍경은 급격히 혼란스럽고 파편화된 양상으로 바뀐다. 수많은 인물 형상들이 서로 엉겨 붙고, 일부는 이미 배경 속에 녹아들 듯 흐릿하게 사라져 간다. 이들은 더 이상 개별적인 존재로 인식되지 않고, 어떤 거대한 집단적 자아 혹은 해체된 자아의 군집처럼 보인다. 특히 이 형상들의 몸체에는 알 수 없는 문자와 기호들이 뒤섞여 새겨져 있다. 반복되는 'A'자나 알 수 없는 언어들은 현대 사회가 자아에게 덧씌우는 수많은 정보, 규범, 그리고 타인의 시선을 상징한다. 이 분자들이 마치 잉크가 번지듯 흘러내리는 모습은, 외부로부터 주입되는 수많은 데이터와 역할이 자아의 본질을 녹여내고, 결국 정체성을 혼란스럽게 만든다는 메시지를 던진다.

이 사진은 고정된 '나'라는 개념이 허구일 수 있음을 말한다. 우리는 단일한 자아로 존재하는 것이 아니라, 관계와 경험, 그리고 디지털 데이터 속에서 끊임없이 재구성되고 분열하며, 때로는 존재 자체가 희미해지는 과정을 겪는다. 텍스트와 그림자로 이루어진 파편화된 형상들은 현대인의 자아가 수많은 사회적 페르소나, 디지털 아이덴티티, 그리고 타인의 기대 속에서 어떻게 쪼개지고 지워져 가는지를 날카롭게 보여준다.

이 모든 것은 정지된 것이 아니라 끊임없이 변화하고 소멸하는 과정 속에 있다고 사진은 이야기한다. 결국 이 이미지는 '나'라는 것이 무엇인지 그리고 우리가 경험하는 '자아'가 과연 진정한 본질인지, 아니면 수많은 파편과 정보로 이루어진 구성물에 불과한 것인지에 대한 형이상학적인 질문을 던진다.

자연과 인공의 이중 노출

나뭇가지와 식물의 이미지가 유리병과 중첩된 이중 노출 기법이다. 인공물이 생명의 형상(나무와 줄기)을 감싸고 있다는 점에서 시각적 합성을 넘어 철학적 사유를 불러일으킨다. 이 작품은 현실에서 공존할 수 없는 것들의 병치를 통해 잠재의식의 이미지를 시각화한다.

병은 현실, 나뭇가지는 꿈, 이 둘이 겹쳐진 순간은 시간의 왜곡이자 존재의 연결이다. 앙드레 브르통의 선언처럼 "현실과 꿈의 모순을 해소하려는" 사진적 시도가 보인다.

식물은 감옥처럼 갇혀있고 생명의 선이 인공물 안에서 자라나는 듯, 동시에 고사하는 듯 보인다. 이는 인간 문명이 만든 물질 안에서 자연이 복제되고 왜곡되는 현상에 대한 시각적 우화로 해석할 수 있다.

직접적 논리가 배제된 채, 사물의 용도와 형태를 전복하는 행위 또한 다다적이다. 유리병은 더 이상 용기가 아니며 무의식적으로 떠오른 형상이 된다. 그리하여 이 사진 속의 병은 삶의 모순을 담는 '비현실의 그릇'으로 읽힌다.

병은 투명하나 진실은 흐릿하고 식물은 존재하나 실재하지 않으며 자연은 안에 갇혀 있으나 동시에 병의 경계를 넘어선다. 이 사진은 병 안의 나무를 보여주는 것이 아니다. 이건 인공과 생명, 죽음과 성장, 기억과 망각의 질문이 겹쳐진 몽환적 실험이다.

무의식에 침투하는 비언어적 질문

두 개의 프레임 속 흐릿한 인물은 우리에게 익숙한 시각 규범을 해체하며, 일종의 비가시적 주체로 다가온다. 마치 존재가 존재하는 척하지만, 실은 존재하지 않는 것 같은 이중적 상태.

왼쪽의 손짓은 특히 강력한 감정의 호출이다. 인물이 유리 너머로 손을 뻗고 있는 그 행위는, 일종의 접촉 욕망을 암시한다. 그러나 그 손은 닿지 않는다. 실제로는 벽이지만, 감정적으로는 투명한 단절. 이 투명한 장벽은 현실 속 인간관계의 거리이자, 포스트 팬데믹 시대의 사회적 거리 두기의 시각적 메타포로도 읽힌다.

오른쪽 인물은 더욱 분해되어 있고, 그 내부는 어떤 텍스트 혹은 기호로 구성되어 있다. 인물은 단순히 흐려진 게 아니라, 디지털 존재 혹은 기억 속 인공지능적 잔상처럼 표현된다. 이 인물은 육체가 아닌 정보로 이루어진 사람이며, 실제보다도 더 실재 같지만, 결정적으로 말을 걸 수 없는 자다. 즉 이 사진은 인간과 인간 사이의 거리, 그리고 인간과 이미지 사이의 정체성 흔들림을 동시에 보여준다.

유리창이라는 존재와 부재 사이의 경계 위에서, 이 사진은 우리가 일상적으로 인식하지 못하는 감각적 층위 '존재의 그림자'를 드러낸다. 이건 마그리트의 "빛의 제국"처럼 낯선 친밀감의 세계다. 또한 모호한 인물, 흐릿한 시간, 포착 불가능한 순간을 조형화한 작품들과도 연결된다. 정체성의 결핍을 불안의 미학으로 승화시킨다.

흐릿한 형상은 실존주의 관점에서 내가 누구인지조차 가늠할 수 없는 인간의 조건이다. 존재하는데, 보이지 않는다.

현대인의 고독과 불안

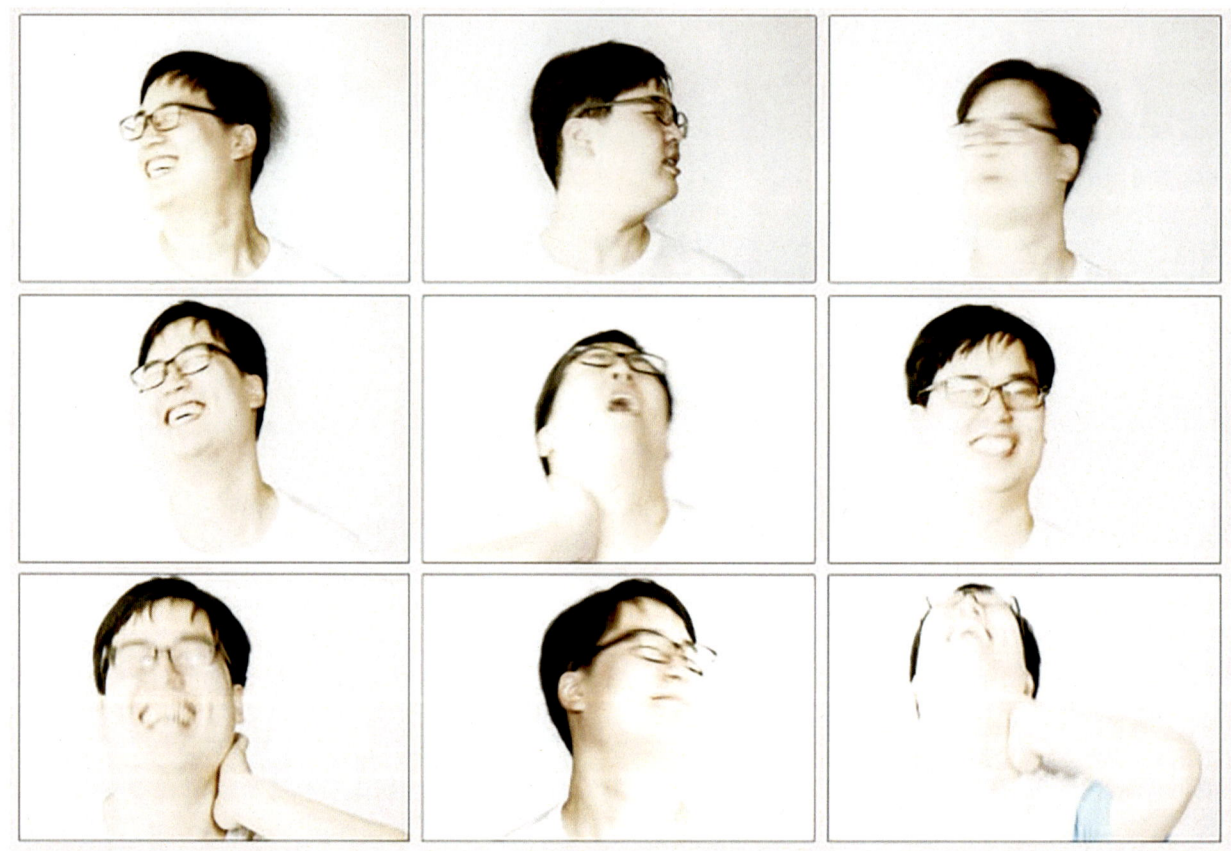

사진에서 조형성이란 시각적 요소를 조합하여 미적 표현적 효과를 만들어내는 것을 말한다.

아홉 칸의 프레임은 한 남성의 다채로운 표정을 웃음으로 제시한다. 하지만 그 얼굴은 불분명한 경계와 흐릿한 움직임 속에 갇혀있다. 마치 현대인의 내면에서 충동하는 나와, 모호한 나의 역설을 시각화한 듯, 역동적이다.

이 작품은 인상주의적인 흐릿함과 표현주의적인 감정의 왜곡을 동시에 내포한다. 인물의 윤곽선이 뚜렷하지 않고 빛에 의해 번지는 듯한 효과는, 객관적인 재현보다는 순간적인 인상과 감각에 집중했던 인상주의 화풍을 연상시킨다. 동시에, 억지로 웃는 듯하거나 고통스러워 보이는, 때로는 혼란스러운 표정들은 외부 세계의 재현을 넘어, 작가의 내면적 감정과 주관적 경험을 강렬하게 드러내려 했던 표현주의 정신과 맞닿아 있다.

더 나아가, 이 사진은 일종의 모자이크 된 메이킹 포토로서 문학적 휴머니즘의 영역으로 확장된다. 각 프레임 속의 표정은 완벽하게 완성된 감정이라기보다는, 어떤 감정을 만들어내기 위한 시도나 과정처럼 보인다. 웃음도, 고뇌도, 심지어 고통도 온전히 드러나지 않고 부분적으로, 흐릿하게 나타난다. 이는 현대인들이 사회적 가면 뒤에서 고군분투하는 모습, 즉 감정노동의 한 단면을 보여주는 것인지도 모른다. 사진 속 인물의 표정들은 겉으로 드러나는 긍정적인 신호 이면에 존재하는 내면의 결핍과 피로도를 역설적으로 은유하는 듯하다.

무언가에 닿으려 하지만 그저 허공을 더듬을 뿐인.
여기, 이 남자는 웃음일까? 고통일까?

이 사진은 한 사람의 표정을 기록한 것이 아니라, 빛과 움직임 그리고 분할된 프레임을 통해 현대인의 복잡한 내면과 존재론적 질문을 던지는 사진이다. 보이는 나와 진정한 나 사이의 간극, 완벽하게 표현되지 않는 감정의 파편들, 그리고 모든 것이 기계적인 움직임처럼, 재구성되는 현대 사회 속에서 '인간이란 무엇인가' 라는 근원적인 물음을 던지는 섬세하면서도 강렬한 시각적 시이며, 사진 속에 숨겨진 흐릿한 자아의 편린들을 탐색하게 한다.

무의식의 풍경

이 흑백의 화면은 곧 침잠하는 무의식의 심연으로 향하는 문과 같다. 거대한 형상은 얼굴 없는 공포, 꿈의 검은 태양처럼 화면을 압도한다. 풀리지 않은 악몽의 입구처럼 이 현실은 논리가 해체되고, 자아의 경계마저 희미해지는 초현실의 한 단면을 보여준다.

우리는 이 거대한 익명의 존재로부터 흘러나오는, 혹은 갇혀있는 듯 보이는, 작은 군상들을 목격한다. 개별적 형상을 띠고 있지만 어둠 속에서 불안하게 떠도는 망령과 같다. 그중 유일하게 빛을 발하는 형상은 꿈속 자의식의 조각일까? 아니면 거대한 무의식의 감옥에서 들려오는 외침일까? 이 대비되는 빛과 어둠의 배치는 현실과 비현실, 의식과 무의식의 경계를 더욱 강조하며, 우리가 발 딛고 있는 세계가 얼마나 불안정하고 환상적인 토대 위에 세워져 있는지 숙고하게 한다.

이는 마치 증강된 무의식의 풍경을 펼쳐 놓은 듯하다. 현실의 표피를 뚫고 들어간 꿈의 세계, 그곳에서는 익숙한 인간의 형태조차 낯설고 위협적인 그림자로 변모한다. 마치 우리의 뇌가 만들어낸 가상의 공간, 영원히 접속이 끊어지지 않는, 디지털 환상 속 세계에서 길을 잃은 듯한 불안감을 자아낸다. 더 나아가 이 형상들은 우리가 알지 못하는 외계의 지성이나 형이상학적 존재의 단편적인 모습일 수도 있다. 그들의 침묵은 인간의 이해를 초월하는, 결코 벗어날 수 없는 불가해한 실체를 암시한다.

얼굴 없는 거인은 우리 내면의 공포이자 억압된 욕망의 집합체이다. 그로부터 솟아나는 작은 형상들은 잃어버린 자아의 파편들, 혹은 아직 현실에 안착하지 못한 잠재된 가능성들일지도 모른다. 이 꿈결같은 이미지는 시간과 공간의 개념마저 뒤틀어 버리며, 우리를 영원히 현재에 갇힌 듯한, 혹은 과거와 미래가 뒤섞인 혼란스러운 시간 속으로 밀어 넣는다.

결국 이 사진은 존재의 근원적인 불안을 시각화한 형이상학적 알레고리다. 명확히 규정할 수 없는 거대한 힘 앞에 놓인 나약한 인간, 현실과 꿈의 모호한 경계 속에서 끊임없이 흔들리는, 자아의 불안정한 풍경을 통해, 우리는 우리가 인지하는 세계의 허구성과 무의식의 심연이 드리우는 그림자를 다시 한번 깨닫게 된다. 이 침묵하는 흑백의 이미지는, 언어로는 포착할 수 없는 깊은 곳에서 울려오는 형이상학적인 질문을 던지며, 우리의 존재론적 좌표를 끊임없이 재조정하도록 강요한다.

자아의 해체와 소멸

흰색 배경, 손으로 얼굴을 가린 인물은 자아의 해체와 소멸을 극명하게 드러낸다. 인물은 자신의 얼굴을 손으로 가린 채 빛 속에 녹아드는 듯한 형상을 하고 있다. 그 윤곽은 흐릿하고 불분명하며, 마치 강렬한 빛에 의해 존재 자체가 휘발되는 것처럼 보인다. 이는 현실 세계의 강렬한 자극 혹은 의식의 과부하로 인해 자아가 스스로를 보호하려 하거나, 혹은 아예 지워지고 있음을 암시한다. 꿈속에서 자신의 얼굴을 인식하지 못하거나, 거울 속에서 자신이 아닌 다른 존재를 발견하는 듯한 무의식적 불안감을 그대로 투영한다. 이 희뿌연 이미지는 마치 증강현실 속에서 로딩 오류로 인해 불완전하게 구현된 존재의 잔상처럼 느껴진다. 우리는 그가 누구였는지, 무엇을 숨기려 했는지 알 수 없으며, 그의 실재성마저 의심하게 된다. 그의 존재는 이미 이 세계의 외부로, 혹은 비가시적인 차원으로 옮겨져버렸다고 말한다. 사진은 백색 소음에 휩쓸려 자아가 사라지는 경험을 보여준다. 꿈과 환상, 혹은 알 수 없는 차원의 존재들이 뒤섞인 세계로 강제 편입된 느낌을 받는다. 이는 일종의 정신적 증강현실이다. 눈앞에 보이는 것이, 진실인지, 아니면 의식의 깊은 곳에서 투사된 환영인지 분간할 수 없게 된다. 우리는 이 꿈같은 현실에서 벗어나려 몸부림치지만, 결국 거대한 무의식의 조류 속으로 영원히 흡수될 수밖에 없는 존재론적 한계를 직시하게 된다. 이 사진은 우리가 인지하는 세상이 얼마나 나약하고 얼마나 쉽게 해체될 수 있는지를 침묵하는 비명으로 이야기하고 있다.

붉은 도시

사진은 건축이 갖는 질서, 즉 수직성과 반복의 패턴을 따르지 않는다. 겹침과 겹침, 흐림과 색의 혼돈으로 사진은 기억 속의 도시처럼 재해석하고 있다. 이것은 마치 브뤼노 라투르가 말하는 "사물의 네트워크가 현실을 구성한다"라는 철학처럼, 물질이 아닌 감각과 레이어들이 도시를 말하고 있는 방식이다.

붉은빛은 도시의 체온일까, 아니면 붕괴 전의 마지막 불길일까?

이 색은 사랑, 분노, 생명 또는 도시가 붉게 숨 쉬는 악몽으로도 읽힐 수 있다. 관람자의 누군가 초현실적 감성을 가지고 있다면, 아마도 이 색은 무의식의 발화라고 해석할 수 있다. 건물은 말이 없지만, 색은 말하고 있으므로

건물은 보이지만 실재하지 않는 것처럼 느껴진다. 이는 건축의 망령, 즉 사라지지도 않고 다가오지도 않는 존재로 읽히고, 결국 도시 전체가 우리 내면의 미로라는, 명제를 던지고 있음을 직면하게 하는 사진이다.

색의 무의식, 풍경 이전의 풍경

풍경이라기보다는 풍경이 되기 전의 감각들처럼 느껴진다. 하늘과 땅이 분리되지 않고, 구름은 색의 흔들림으로 변주된다. 그 색은 실재 바다도, 사막도 아니며, 오히려 감정의 색조로 공간이 염색된 시공간의 초상처럼 보인다. 이 작품은 형태를 지우고 색의 유동성으로 세계를 재구성한다. 이는 색면 추상을 떠올리게 하되, 풍경이라는 장르의 피부를 벗기고 본질적인 시적 감각만 남겨둔다. 존재하지 않는 장소인데도 감정은 그 안에서 정확히 반응한다. 즉, 이사진은 감정의 진실만 남긴 허구적 풍경이다.

"거기엔 아무도 없지만, 나는 그 안에서 머물렀다"

땅은 피처럼 뜨겁지만, 동시에 베개처럼 부드럽다. 무의식의 양가감정, 이것은 시각이 아니라 꿈이 만든 공간이다. 이 사진에는 방향이 없다. 시선의 출발도, 종착도 없다. 시간은 정지했고, 남은 건 하늘 아래서 몸을 잃는 기분이다.

도시 속 무의식의 초상들

아무도 없는 지하철 안, 그림자만이 지나간다. 나뭇가지는 시간을 읽는다. 당신은 아직도 지나가고 있는 중이에요. 기억은 결코 멈추지 않는다. 다만 형태 없이 걸을 뿐이다.

다층적으로 겹쳐진 시간, 인물, 그림자 그리고 나뭇가지라는 유기적 선형은 마치 프로이트 꿈 작업처럼, 의식 아래로 가라앉은, 이미지들이 서로를 간섭하며 새로운 서사를 구성하고 있다. 이 이미지는 지하철이라는 일상의 공간을 통해 존재의 흔적을 포착한 작업이다. 인물은 거기 있었지만 지금은 없다. 걷고 있었지만 멈춘 적도 없다. 빛의 틈새, 프레임의 경계, 그리고 가지의 실루엣은 이 장면을 하나의 '기억의 망'으로 만든다.

인물은 분명히 실루엣을 가졌지만, 그 얼굴도 없고 감정도 없다. 이는 존재하되 존재하지 않는 것, 곧 현대 도시인의 실존 조건을 시각화한 것으로 볼 수 있다. 발은 땅을 딛고 있지만 마음은 어디에도 없다. 사진 속 겹집은 다중 노출이 아니라, 시간이 중첩된 무의식의 구조처럼 보인다. 이는 다다나 초현실주의자들이 실현하고자 했던 "현실과 꿈의 결합"을 시각적으로 구현하는 전략이다.

비어있는 틈, 이미지의 결락 속에서 시가 탄생하는 것처럼.

분홍의 땅

여기, 의심할 수 없는 무의식의 지형도가 펼쳐진다. '분홍'은 더 이상 귀엽거나 달콤한 감정의 상징이 아니다. 이제 그것은 존재의 피부, 혹은 기억의 지층이다. 수없이 찍힌 발자국은 잊힌 감정의 흔적, 혹은 잠에서 깨어난 자들의 기억처럼 느껴진다. 그리고 저 멀리 떠 있는 녹색의 수평선은 이 낯선 풍경 속에서 유일한 이질성, 혹은 현실로부터 탈출구다. 수없이 찍힌 발자국은 꿈의 문자, 실재가 지나간 뒤 남긴 자국들이다. 우리는 이 땅을 걷고 있는 게 아니라, 과거의 발자국 속을 되새기며, 다시 태어나고 있는 것일 수도 있다. 몽상이 너무 완전할 때, 그 안에 하나의 틈이 생긴다. 그 틈이 바로 녹색의 수평선, 이 몽상이 꿈인지, 현실인지, 우리를 계속 질문하게 만드는 단 하나의 균열이자 출구다.

세상이 온통 분홍으로 만들어졌을 때

그림자는 더 이상 숨을 수 없었다.
발자국이 자라나고 땅은 기억이 되었다.
걷지 않는다. 우리는
사라지는 중이다.

녹색 선이 말한다. "꿈은 아직 끝나지 않았어"

녹색의 결

클로즈업 이미지는 극도의 세밀함으로 녹색 잎의 한 단면을 보여준다. 잎맥의 흐름, 표면의 미세한 질감, 빛의 흔적은 단순한 식물의 일부가 아닌, 살아있는 존재의 시간을 담고 있다. 이 작은 잎사귀 안에는 탄생과 성장, 그리고 외부 환경과의 끊임없는 상호작용이라는 생명의 기본적인 드라마가 압축되어 있다.

인간의 삶 또한 풀잎과 다르지 않다. 보이지 않는 수많은 연결망 속에서 성장하고, 예기치 않은 환경 변화에 순응하며, 고유한 흔적들을 남긴다. 섬세하게 뻗어 있는 잎맥은 삶의 여정 속에서 겪는 희로애락의 순간들을 기록한 지도와 같다. 때로는 뚜렷하게, 때로는 희미하게 드러나는 굴곡들은 예상치 못한 어려움과 성취의 과정을 반영한다. 표면에 새겨진 상처나 얼룩들은 삶의 시련과 그 속에서 얻은 회복력을 은유적으로 보여준다.

강렬한 녹색은 생명력의 상징이지만, 동시에 연약함을 내포한다. 외부의 작은 자극에도 흔들리고, 시간이 흐르면 결국 시들어가는 잎의 운명은 유한한 인간의 삶과 겹쳐진다. 그러나 치열하게 광합성 작용을 하며 존재의 의미를 만들어가는 잎의 모습은, 우리에게 주어진 시간 속에서 긍정적인 에너지를 생성하고 세상과 적극적으로 소통하는 삶의 태도를 제시한다.

배경의 흐릿함은 우리가 인지하지 못하는 수많은 관계와 영향을 암시한다. 하나의 잎이 존재하기 위해서는 햇빛, 물, 공기 등 다양한 요소들과 연결이 필수적이듯, 인간 또한 사회적인 관계 속에서 존재 의미를 찾고 성장한다. 때로는 명확하게 드러나지 않지만, 서로에게 영향을 주고받으며 함께 살아가는 것이다.

결국 이 작은 잎사귀의 이미지는 자연의 순환 속에서 덧없이 흐르는 시간, 그 속에서 피어나는 생명력, 그리고 서로 연결되어 살아가는 존재의 의미를 깊이 생각하게 한다.

사진의 시각적 분석

구도 및 프레이밍:
 이미지는 특정 피사체를 명확히 구분하기보다는 꽃잎의 특정 부분에 대한 극대화된 묘사를 통해 추상적인 형태를 형성한다. 피사체는 화면의 대각선 방향으로 흐르는 듯한 곡선 형태를 이루며, 이는 시선의 흐름을 유도하는 주요한 구성 요소로 작용한다. 이러한 구도는 특정 형태의 재현보다는 색채와 질감의 본질적인 특성을 강조하는데 기여한다.

색채 분석:
 사진의 주된 색조는 다양한 명도와 채도를 지닌 핑크색 계열로 구성되어 있다. 화면 중앙의 가장 선명한 부분은 명도와 채도가 높은 핫핑크 계열을 나타내며, 이는 점진적으로 화면 가장

자리로 갈수록 명도가 낮아지고 채도가 희미해지는 흐름을 보인다. 이러한 색채 그러데이션은 평면적인 이미지에 깊이감과 공간감을 부여하며, 빛의 반사와 흡수에 따른 색채의 미묘한 변화를 시각적으로 기록한다. 특히 미세한 줄무늬 형태의 질감 속에서 나타나는 색상의 미분화된 변화는 빛과 그림자의 상호작용을 통해 이루어진다.

질감 및 디테일:
클로즈업 기법의 활용으로 꽃잎 표면의 미세한 질감이 선명하게 드러난다. 이는 육안으로는 쉽게 인지하기 어려운 섬유질의 방향성과 미세한 요철을 포함한다. 이러한 질감의 표현은 평면적인 사진에 촉각적인 요소를 부여하며, 피사체의 실제적 존재감을 강화한다. 그러나 피사계 심도의 조절을 통해, 화면의 일부 영역은 선명하게 묘사된 반면, 다른 영역은 의도적으로 흐릿하게 처리하여 심도 표현의 미학적 활용을 보여준다.

피사계 심도:
사진은 얕은 피사계 심도를 효과적으로 사용하여 특정 초점 영역을 강조하고, 나머지 부분을 부드럽게 블러 처리하였다. 이는 보는 이의 시선을 특정 질감과 색채가 가장 선명하게 나타나는 부분으로 집중시키며, 주 피사체와 배경 간의 시각적 분리를 명확히 한다. 이러한 심도 표현은 단순히 배경을 흐리는 것을 넘어, 이미지 내에서 시각적 위계를 설정하고 미학적 강조점을 두는 중요한 역할을 한다.

결론:
이 사진은 철쭉 꽃잎의 미시적 세계를 학술적 관점에서 탐구하는 사진이다. 구도, 색채, 질감 그리고 피사계 심도의 능숙한 활용을 통해, 단순한 꽃의 재현을 넘어선 추상적이면서도 구체적인 시각적 경험을 제공한다. 이는 꽃잎이라는 유기체의 구조와 빛의 상호작용을 분석하는데 유용한 자료이며, 클로즈업 사진이 지닐 수 있는 미학적, 형태학적 가능성을 보여주는 사례의 작업이다.

의식과 무의식의 경계

이 사진은 풍경의 범주를 넘어선다. 숲이라는 물리적 공간은 카메라의 의도적인 움직임 속에서 해체되고 재구성되어, 비가시적인 빛의 궤적만이 남은 추상의 공간으로 변모했다. 이는 마치 꿈의 심층에서 부유하는 환영과 같다. 찰나의 떨림이 만들어낸 빛의 줄무늬들은 고정된 실체를 벗어나 유기적으로 흐르며, 그 속에서 무의식의 풍경이 어렴풋이 드러난다.

숨이라는 지극히 내밀한 행위를 빛의 운동감과 병치시킨다. 이는 빛을 단순히 시각적인 형상을 넘어, 생명의 근원적인 에너지이자 세계를 감각하는 통로로 이해하고자 하는 시도다. 규칙 없이 흩어지는 듯하면서도 미묘한 율동감을 지닌 빛의 흐름은, 들숨과 날숨의 반복처럼 끊임없이 변화하는 생명의 리듬을 시각화한다. 그 속에서 우리는 형언할 수 없는 어떤 기운, 세계를 관통하는 보이지 않는 힘의 존재를 감지하게 된다.

숲 한가운데서 포착한 이 이미지는 현실의 재현이 아닌, 내면세계와 외부 세계의 경계가 허물어지는 순간을 담고 있다. 빛은 다양한 모습으로 자신을 드러내며, 관객은 그 빛을 통해 세계를 인식한다. 사진 속의 빛의 흐름은 주관적인 경험과 객관적인 세계가 융합되는 지점이다. 이는 마치 초현실주의 회화에서 의식과 무의식의 경계를 넘나드는 표현과 유사한 맥락을 지닌다.

선명함과 흐릿함의 경계, 예측 불가능한 빛의 궤적 속에서 우리는 세계의 불확실성과 끊임없는 변화를 마주한다. 고정된 실체는 사라지고, 오직 에너지의 흐름만이 남은 이 환영적인 공간은, 우리가 인식하는 세계가 얼마나 주관적이고 유동적인 것인지를 깨닫게 한다. 이 사진은 보이는 것 너머의 세계, 감각 너머의 진실을 탐구하는 형이상학적인 질문을 던지며, 우리를 꿈과 현실, 의식과 무의식의 경계로 초대한다.

전송, 얽히고설킨 하늘의 신경망들

사진은 도시의 하늘에 드리워진 전선들을 담고 있지만, 그 모습은 현실의 풍경이라기보다 오랜 꿈에서 깨어나 발견한 잊힌 신화의 한 페이지 같다. 흑백의 필터는 세상의 소란한 색채를 걷어내고, 오직 형태와 빛, 그리고 그림자의 본질만이 남아 영혼의 심연을 비추는 듯하다.

이 얽히고설킨 전선들은 단순한 물리적 구조물이 아니다. 그것은 마치 태초에 우주를 직조한 거미 여신의 실타래 같고, 혹은 어린 왕자가 방문했던 행성을 잇는, 보이지 않는, 몽상의 지도 같기도 하다. 골목을 가로지르는 이 선들은 시간과 공간을 초월한 존재들이 서로에게 속삭이는 비밀스러운 언어이며, 별자리처럼 정교하게 배열된 운명의 실타래처럼 보인다. 우리가 인지하지 못하는 사이에도, 이 허공은 무수한 메시지와 에너지가 흐르며, 보이지 않는 존재들의 숨결이 오고 갈 것이다.

모든 복잡함 속에는 자신만의 질서와 리듬이 존재하며, 그것은 우리가 감히 헤아릴 수 없는 거대한 의미와 연결되어 있다. 하늘의 길도 땅 위의 길이며, 나아가 인간의 모습과 별반 다르지 않다는 은유를 시각적으로 풀어내고 있다.

녹색 미로의 정글

이곳은 현실의 질서가 무너진 공간에서 피어난 감각의 정글, 내면의 숲이다. 녹색은 생명을 뜻하지만 이미지는 생명보다 더 원초적인, 기억 이전의 기억, 태어나기 전의 숨결을 암시한다. 마치 뇌의 시냅스가 꿈속에서 유영하는 듯한 형상이다. 이는 사고가 아닌 감각 자체의 구조이며 우리가 인지하지 못한 세계를 스스로 그려낸 내면의 신경지도이다. 사유가 그치면 망각이 그려낸 정글이 나타난다. 이렇게 무작위로 얽힌 것들은 이상하게도 아름답다. 그것은 자연의 가장 깊은 리듬이자 혼돈이 품은 창조처럼 무의식 속 잊힌 단어들이 빛으로 떠오른다. 문장이 되지 못한 감정의 입자들은 움직인다. 빛, 기억, 물기, 부서진 목소리들이 이 초록의 실에 얽혀 있다.

사진은 마치 우주의 가장 내밀한 안쪽으로 기울어지는 현미경처럼 초록의 숲을 헤치고 있다.

회화와 사진

이 포도는 실제인가? 그려진 것인가? 아니면 그려진 것처럼 보이게 만든 사진인가? 이렇게 질문이 꼬리를 물 때, 이 작품은 비로소 미학적 생명력을 얻는다.

포도는 실제의 재현이 아니라, '실제처럼 보이는 것'의 허구성을 말한다. 그림 같지만, 실제 그림은 아니다. 사진 같지만, 또 완벽한 사진도 아니다. 그 사이 어딘가, 우리가 익숙하게 믿는 '진짜'와 '가짜'의 선을 지우고 있다. 르네 마그리트의 「이것은 파이프가 아니다」처럼, 포도는 선언한다. "이것은 포도가 아니다"

이 작업은 일종의 시뮬라크르다. 장 보드리야르의 개념처럼, 현실을 닮은 복제물이 오히려 더 진짜처럼 느껴지는 역전의 순간이다. 회화적 질감은 수작업을 연상시키고 사진의 광택은 디지털의 날카로움을 유지한다. 이 작업은 보이는 것의 믿음 자체를 해체한다.

이는 기술적 레이어 작업이나 브러시 작업에 머문 것이 아니라, 매체의 본질을 혼성시킨 혼종의 조형실험이다.

피어나고

풀이었네. 들판은 저녁이 걸어간 풀이었네. 흙의 소리를 들으며 걸어오고 있었지. 또 하루 언덕이 흔들리네. 지평선이 따라간 휘청거림으로 그 먼 줄기의 심연을, 나는 퍼져 나가는 물의 편지를 읽어. 여전히 불이었던 기억으로 울어

풀이 웃어요 풀을 따라 돌아다닙니다.

언덕은 벗어날 수 없는 구절일 거야 돌의 효과, 젖은 공기를 나열하는 페이지들 공중으로 흩어지는 저녁이 다시 읽힐 때가 있다. 닿지 않아도 전해지는 비가 있다. 비스듬히 공중에 펼친 책, 대지엔 아직 읽지 못한 들판이 피고

언제 끝날지 모르는 풀들은 보이지 않고

해 저무는 오후

자연은 생명의 순환으로 연속적 삶을 전달한다. 풍경 사진은 대부분 펜포커스로 광각 렌즈를 사용하지만, 이 사진처럼 근접해서 찍었을 때, 또 다른 느낌으로 구체적인 사유가 표현되기도 한다.

상단의 반을 차지하는 숲은 한여름을 반영하고 그 아래로 들판이 비스듬 가로질러 놓여있다. 노란 띠를 이루는 사선의 빛은 여름 오후의 빛이 저무는 시간이다. 아무도 없는 숲과 들판이 저마다 여름 한가운데를 지나고 있는, 풍경은

숲과 언덕, 그리고 이들을 이루는 흙 속의 기운으로 건강해지는 것 같다. 묵묵하게 자신의 일을 지속하고 있는 생명의 결기가 느껴진다. 쓰러지고 다시 일어서는 풀이 꽃을 피우고 오후의 빛, 또한 저녁을 향해 움직인다.

　광각 렌즈로 먼 후경까지 장엄하게 담아내는 풍경 사진과 가까이 접근한 망원 렌즈는 다른 시각, 또 다른 울림으로 자연의 경이를 전달한다.

　초점을 햇살이 닿은 언덕으로 통제하고 근경과 후경을 흐리게 처리한 아웃포커싱이다. 그리하여 풀씨가 익어가는 피사체를 선명하게 처리함으로 시간의 흐름이 나타나고 다시 사라지는 생명의 순환을 느끼게 한다.

　귀 기울이면 새소리와 나뭇잎 부딪히는 소리, 풀잎 사이를 기어다니는 어떤 생명의 숨소리가 들릴 것만 같다. 온몸의 세포가 녹색으로 물들 것 같은 숲 이야기는, 빛과 조리개를 조율하고, 가까이 다가간 구성으로, 감상자의 생각과 궁금증을 배가시키는 역할을 한다.

시각적 방향과 흔적들

시각적 미학으로 현대인의 감성을 표현하는 사진은, 짧은 언어로 형성된 시처럼, 많은 의미가 내재된 채 기록되기도 한다. 침묵에서 더 많은 외침이 들려오듯, 바닷물과 모래 그리고 발자국만을 포착한 이 미니멀한 사진은 주변의 여러 요소를 생략한 만큼 더 많은 의미를 상징하고 있다.

밀려온 파도가 식기도 전 다시 또 쏟아지는 연속으로 우리는 어쩜 불가항력이다. 대항할 수 없는 폭력으로 걸어 들어간 발자국

굴복일까?
저항일까,
발자국 모양이나 방향으로 보아, 들어간 적은 있지만 나온 흔적은 없다.

부서진 바다의 포말은 먼 여정의 휴식처럼 모래가 되어 스며든다. 자의든 타의든 밀리고 밀려가는 삶을 의식하면서, 자신을 바라보게 한다. 발자국 또한 삶의 여정을 상징하는 아이콘이다. 인간은 매순간 어디론가 방향을 이루며 생활한다. 같은 종이면서 각기 다른 방향이 되어 불가항력에 도전한다.

이미지는 문자보다 때로 더 강한 전달과 울림으로, 이동하는 감성을 포함하고 있다.

존재의 시간

바다는 열려 있으나 걸어갈 수 없고 감성적이면서 거대한 폭풍을 지니고 있다. 그러나 움직이는 도로는 수평선을 넘어갈 수 없음에도 불구하고 바다를 향해 길을 놓는다. 사람의 흔적은 있지만 보이지 않는 두 장의 이미지는 사람들이 떠나고 난 후의 시간을 포착한 사진으로 지금 여기 현존하는 시간의 풍경이다.

발자국, 바다 수많은 모래는 영원을 상징한다.

　사라지지도 버릴 수도 없는 순환의 고리는 숭고한 자연의 여정으로 짧은 인간의 삶을 은유한다. 발자국이 걸어간 길을 탐색하는 이유이며, 표현이다. 사계절 뜨고 지는 밤이 낮과 함께 뒤척이는 일상이다. 밀리고 밀려오는 반복에서 처음의 본질을 만난다. 시간이 전달해 준 자연의 법칙에서 저 깊은 바닷속까지

　현존하는 모든 시간은 행위이고, 물음이고, 그 시간에 대한 무한한 대상이다.

침묵의 깊이

대천에 와서 눈을 감아라. 대천을 열고 빠져나가는 숨을 연주하라 들려오는가? 4분 33초, 나는 펼쳐진 악보 침묵의 노래를 듣는다. 발목까지 빠지는 해안선에서 이 음악은 뒤척이고 밀물과 썰물은 발가락을 타고 맴도네. 지저귀는 갈매기, 셔터 소리 또 한 차례 몰려가는 발자국들 대천에 와서 나는 콘크리트 긴 방파제의 배경을 듣는다. 흘러가는 수평선으로 누군가 보이지 않는 아이들을 부른다 물고기와 들리지 않는 그림자가 길어지는 색채는 또 얼

마나 시끄러운가, 불규칙적으로 반복되는 소리의 연속이 잘게 나누어지는 몸속으로 먼바다는 그네를 타고 해안에서 또 다른 해안, 시간에서 더 깊은 시간의 심연으로 혀처럼 빠진 귀처럼 그치지 않고 계속

퍼져나가는 연주를 나는 반복하고 있다.

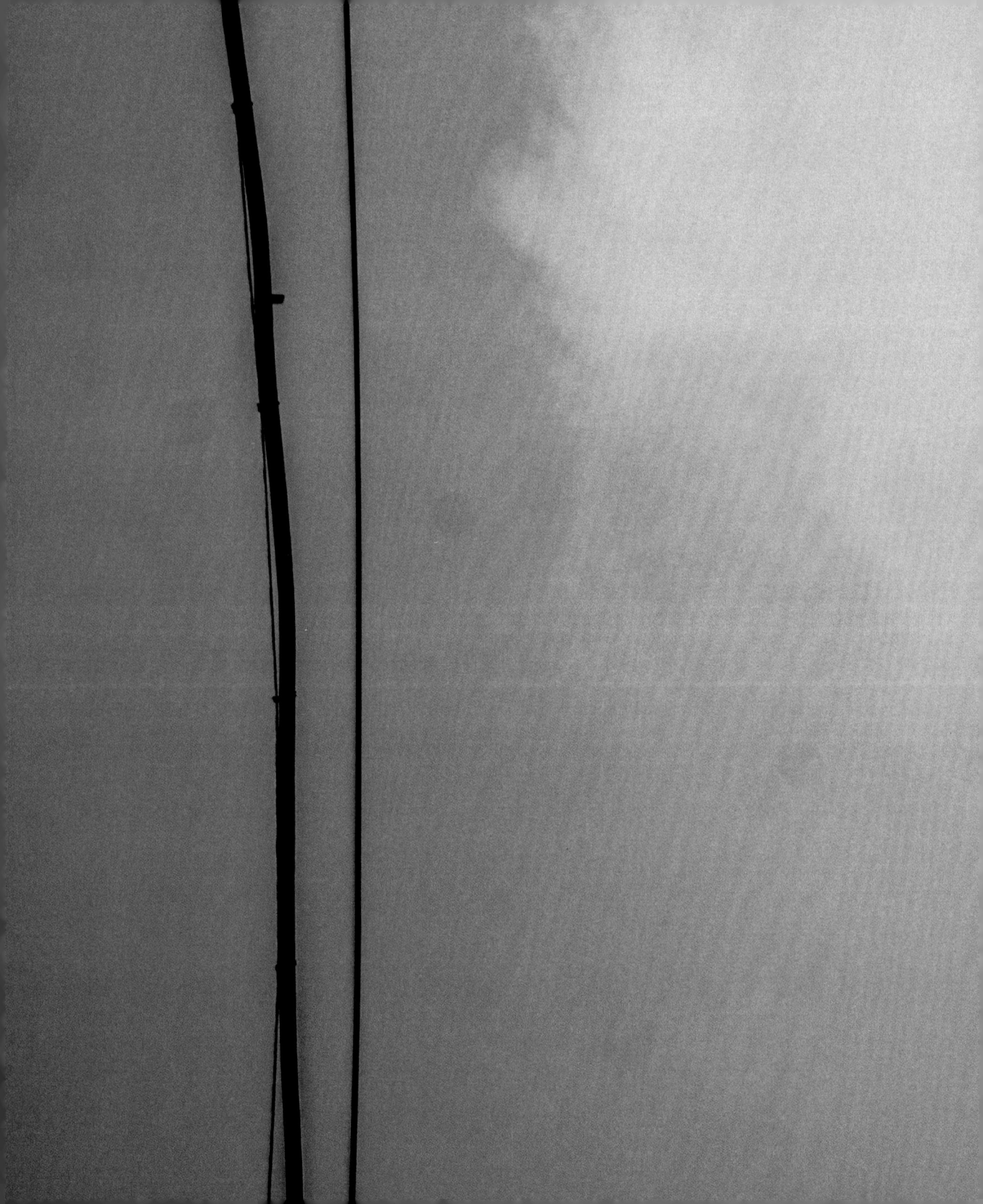

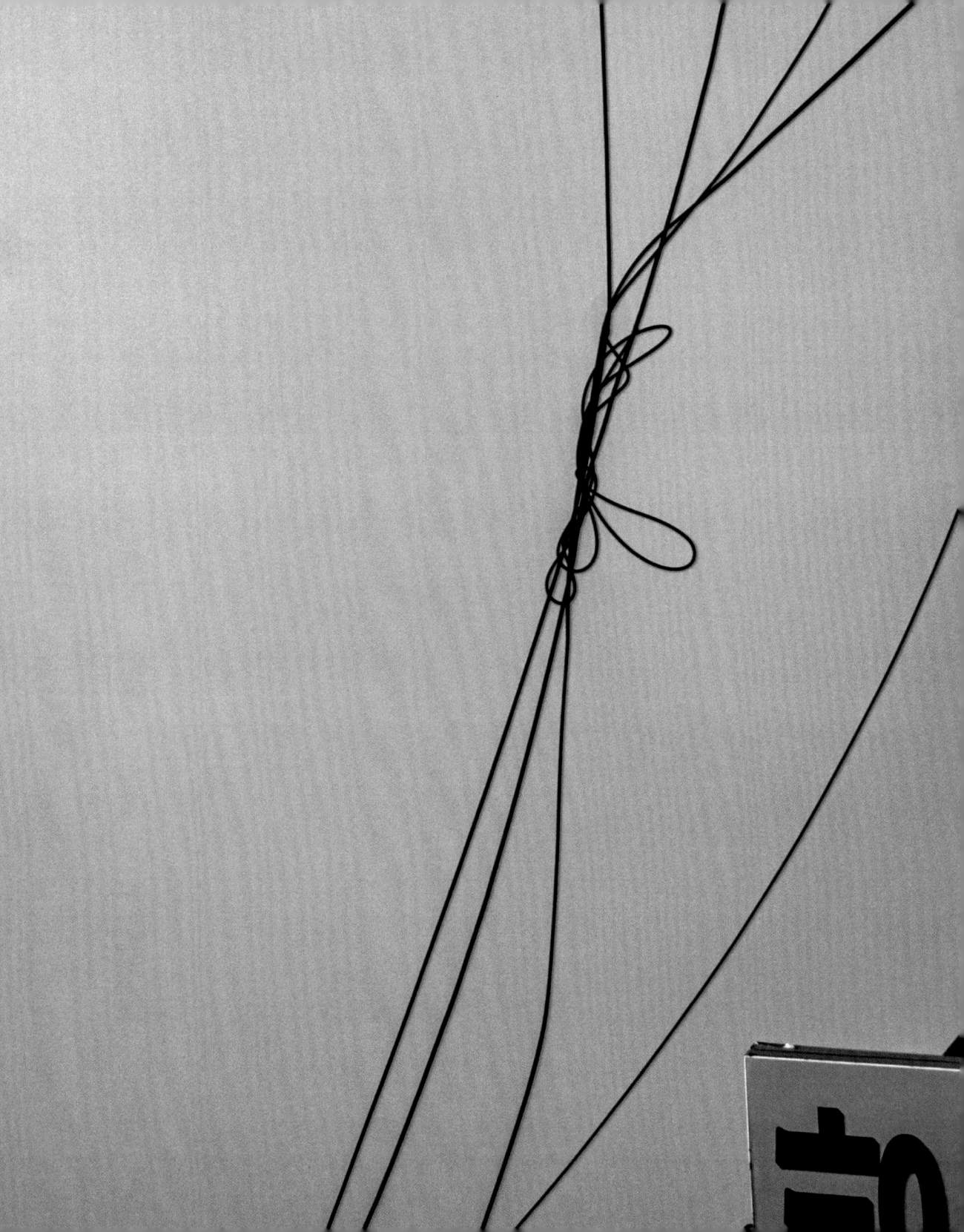

수평선 너머

침묵은 여러 방향에서 다성적으로 풍요롭다. 좁은 방이나 모래알, 언어가 존재하는 사물에 이르기까지 드러난 손목을 놓지 않는다. 그의 텅 빈 노래 속에는 유리 표면에 닿은 빛의 프리즘처럼 수만 수억의 시간으로 쪼개지는 음의 소리가 들린다. 이들의 형식은 분리될 수 있고 지상을 떠난 무중력일 수도 있어 좀 더 가까이 귀 기울일 때 발화하고 퍼져나간다. 이 파장은

어떤 의미일까? 고요는 왜 떠나지 않고 기울어진 채 자신의 발자국을 드러내는 것인지, 바다에 와서 잃어버린 도시를 기억한다. 그 낱말의 불가능한 표현까지 대화의 눈 뜬 종말까지 어쩔 수 없는 장소의 탈출에서 그는 아마 들을 수 없는 사유를 목격한 것인지 홀로 요란한 내 안의 지평, 쏟아지는 가장자리마다 넘어갈 수 없는 시작으로 발목은 보이지 않고

악보 없는 서해안 고속도로는 멈추지 않고

지워지고 다시 선명해질 때

비에이 마을에서 담은 일본의 농촌 풍경입니다. 달리는 버스 속에서 찍은 사진은 이동 중이므로 빠른 셔터스피드 설정과 광각 렌즈를 사용했습니다. 근경은 흐름의 이동이 잘 표현되었고 멀어질수록 선명하게 포착된 이미지에서 시간이 흐름이 느껴집니다.

수직과 수평의 미니멀한 구도에서 많은 생각이 떠오르네요. 만일 전기선이 없었다면 더 적막하고 광활하게 느껴졌겠지요. 고랑이 없는 들판이었다면, 구름이 없는 텅 빈 하늘이었다면, 그리고 앞뒤 사방 모두가 쨍한 사진이었다면

생각해 봅니다. 비스듬히 길을 내는 두 줄의 밭고랑, 적당한 거리를 두고 함께 흘러가는 보리밭 그리고 뭉쳤다 흩어지는 뭉게구름이야말로 서로 잘 어우러지는 화합이라고

배경은 이렇듯 함께 조화를 이룰 때 무언가 지워지고 다시 선명해질 때

편안해 보입니다. 그날 나도 모르게 셔터를 누르게 했던 그 마음이 아닐까요? 오랜 시간이 흐른 후 다시 꺼내본 파일에서 지나간 순간의 조각들이 떠오릅니다.

감자꽃

숲이 흔들려요, 난 눈앞에 있는데 설악이 떠올랐다. '갈 수 있어' 뛰어내려도 닿지 않았다.

뭉게구름은 처음이자 다시 만날 수 없는
지평선
목이 긴 석양
보이는 것 넘어 보이지 않는
초록
사슴
풀

누가 넘어간 능선일까, 물들어갑니다. 건초더미들이
밀려난 길 밖으로

그림자 모두 아플 때가 있습니다. 저녁 냄새가 피어오르는
건초더미는 초록의 높은 음자리

참았던 숨이 돌아와 출렁입니다. 달빛 가득 들판입니다. 고요하고 절제된 초록에서 들려오는 바람 소리가 그치지 않는

알알이 지평선이 되는

몸입니다.
빛입니다. 밤과 낮이 하얀 꽃입니다.

숲과 흰 벽이 있는

서로 이질적인 것이 만날 때 새로운 세상이 열려요. 자연과 문명 그리고 대비되는 색의 병치는 서로 상호작용을 하면서 주변의 공간을 묘사합니다. 나무, 소화기, 야생화, 플라스틱 바구니도 숲속의 작은 생태계를 이루죠.

거대한 흰 벽은 문일까요, 담일까요.
숲은 어디로 통하는 길일까요?

어쩐지 저 인공 침묵을 열면 전혀 다른 세상이 기다리고 있을 것만 같습니다.

흰 벽에 기대선 고목의 주위를, 한때 누군가 자주 드나들던 자리엔 붉은 소화기와 플라스틱 통만이 남아 지나간 시간을 전합니다. 자연이 자신의 자리를 천천히 되찾아 가고 있습니다.

풀벌레, 나무, 질경이, 꽃 그리고 새들의 노랫소리……
생명은 벽을 두려워하지 않습니다. 인간의 닫힌 문 옆에서 이들은 피고 지고 다시 또 일어섭니다.

인간이 인공지능에 미래의 길을 묻듯 그리하여 어울릴 것 같지 않은 방문이 열리듯.

기억의 하드웨어/ 인터페이스

기억하는가
나무를 바라보는 우리는 왜 편안해지는가?

'나무' 가 나 '무' 로 거기 서 있을 때

복잡한 나의 회로는 비로소 기억의 중심을 향해 재부팅 된다.

매일 저장되는 뿌리와 줄기들의 시스템에서 잎사귀는 하루에도 여러 번 바람의 방향을 출력한다.
그의 데이터 저장소엔 실제로 인간의 기억과 감정으로 뻗어나간 뿌리의 흔적이 남아있다.

먼 고대의 생명체로 나무는 기억의 중심
인류의 초상이다.

나는 나무 앞에 서 있지만
그는 나보다 더 오래 나무의 장면으로 사람을 관찰할 것이다.

움푹 파이고 억눌린 상처들은 인간의 정신적 상처가 형상화된 것

이 나무는 기억을 먹고 자란 감정의 저장소다.

수없이 지나간 타자의 흔적들이 연결되어 있다. 보이지 않는 뿌리로 혹은 그보다 더 오래된 시간이라는 지층으로 감정을 저장하고 감정을 발효시킨다.

기억의 지평이 나이테처럼 느린 시간으로 치유되는 회로이다.
내가 그를 보는 것이 아니라 그가 내 안에서 지금 무언가를 기록하고 있는 나를 보고 있는 것이다.
그는 우리보다 더 넓게 사유하고 오래 기억하는 존재이다.

이끼는 죽은 세포 위에서 자란다. 나무가 삼킨 나무에 기댄 생명들, 그렇다면 이끼는 무수한 체온의 퇴적물은 아닐까?

사진은 순간을 고정시키는 동시에, 그 지나감을 증명해버리는 죽음의 징표이다. 하지만 이 사진은 다르다. 이 사진 속 나무는 계속해서 살아있는 기억체이며 시간의 실험실이다.

동시에 서로를 연결하는 인터페이스, 인간이 재부팅되는 기억으로 누군가의 분노, 실망, 대화, 그리고 희미한 기도가 층층이 저장되어 있다.

나무는 지금도 그 누군가의 시간을 기록하고 있다.

그의 기억이 사라진 날, 줄기 한가운데 새로운 고리가 생겼다.

명동은 명동이다

명동의 거리는 활발하고 때로 이색적이다. 도심의 거리를 입체적으로 유쾌하게 접근한 이미지이다. 광곽 랜드를 사용하여 근경 중경 원경의 거리를 절절히 배치하므로 거리에 대한 구성이 돋보인다.

펜포커싱(pen focusing)은 가까운 피사체와 먼 거리의 사물까지 초점을 부여해 사진이 선명해지는 이미지를 형성한다. 모호한 형상을 배제한 펜포커싱은 사실적 이미지를 추구해 있는 그대로 전달해 주므로 보는 이에게 명확한 현장성을 부여한다.

도시는 끊임없이 변화한다. 프레임 안으로 움직이는 모든 것들이 흘러오고 빠져나간다. 높은 고층 빌딩, 상점, 보도블록까지 분주한 일상을 닮아간다. 이들이 각기 지니고 있는 고유한 형태와 색들은, 서로 어우러지며 자유로운 상상과 생각으로 관람자를 유도한다.

간판들은 행인들처럼 각기 제자리에서 조화로운 균형을 이룬다. 가까이 접근한 정장의 인사하는 피사체와 무표정하게 걸어가는 초록의 남자를 병치하므로, 낯선 아이러니의 효과를 만들기도 한다. 사진의 한 컷은 어느 날 나도 지나쳤을지 모를 한순간임을 생각나게 해주는 거리 사진으로,

현대를 살아가는 사람들의 한 단면을 코믹하게 전달한 시각적 예술 작품이다.

흔적의 아이콘들

골목은 그 도시를 상징하는 한 부분이다. 사람들의 일상적인 모습이 오랫동안 축적된 흔적이다. 거리 사진은 순간을 포착해, 그 거리의 문화나 삶 그리고 현시대의 모습을 담아내는 장르이다.

그 지방의 특색은 골목이 그대로 반영한다. 양쪽 건물 사이 깊은 골목 끝으로 두 사람이, 무언가 이야기를 나누고 그 모습을 바라보는 한 여인이 있다. 낡은 보도블록이나 지저분한 벽에 흔적으로 오래된 건물의 뒷골목쯤 되어 보인다. 바닥에 주저앉은 사람과 가까이 병치한 붉은 쓰레기통으로 하여 지친 현대인의 모습이 떠오른다.

그러나 음영의 강렬한 차이로 골목 끝의 밝은 이미지는 무언가 희망적인 메시지가 전해진다. 이들의 빛과 어둠으로 표현된 시각적 이미지가 돋보인다. 특히 벽, 바닥, 시선을 한곳으로 끌고 가는 원근감이 잘 표현된 작품이다.

평범할 것 같은 골목에서 빛을 이용해 순간을 포착한 촬영자의 관찰이 작품의 구성을 탄탄하게 한다. 바라보는 사람과 함께 바라보면서 찍은 사진이다. 모두가 바라보는 시점은 한 곳, 빛이 되는 사람의 대화, 그리고 밝고 넓은 골목으로 향하는 상상이다.

모이면 힘이 된다

어두운 창고를 정면으로 지게차 안에 운전기사인 듯한 인부가 엎드려 있다. 정돈된 바닥을 보니 일을 마치고 잠시 휴식을 취하고 있는 듯하다.

끝이 보이지 않는 폐지 더미와 창 너머, 또 다른 창고의 이어짐은 이곳이 거대한 폐지 집하장임을 인식하게 한다.

작은 것도 모이면 거대한 힘이 된다. 쓰레기와 어두운 창고 운전대에 엎드린 사람으로 하여 이 사진은 힘들고, 지친 일상의 모습을 반영하며 쓰레기로 넘쳐나는 환경 오염과 그 안에서 일어나는 삶을 효과적으로 표현하는 스트레이트 사진이다.

종이와 플라스틱 비닐도 함께 섞일 수 없는 분리수거다.
한 밥상에 오른 것들도 모두 제각각 돌아가는 길이 다르다.
각기 살아가는 사람들처럼.

움직인다

사진은 현장을 기록한다. 그러나 기록된 이미지는 아무 정보도 제공하지 않을 때가 있다.

어딘지 알 수 없는

지하 통로를 걸어가는 사람들

몇 시인지, 어디로 가는 것인지, 알 수 없다. 수평을 살짝 비틀어 보행의 불안을 극대화하고 있는 사진은 무채색이 주류를 이룬다. 의류와 같은 색채의 천정, 벽 그리고 무채색 바닥은 자주와 보색을 이루는 초록으로 감상자의 시선을 한곳으로 끌고 간다.

환승 중일까? 출구를 향하고 있는 것일까? 걸어오는 사람은 없고, 모두 한곳을 향한 등이 흔들리고 있다. 반팔과 긴팔이 공존하고 있는, 이 저속 셔터의 계절은 지금 이곳이 낮인지, 밤인지조차도 가늠할 수 없는 지하통로이다.

우리는 모두 어디를 향해 움직이고 있는가? 바쁘게 걸어가는 이 걸음의 밖이 궁금하다.

수평 허물기

사진은 때로 편견을 허무는 해방이다.

바닥의 보도블록은 감상자의 시선을 빠르게 포획한다. 네모난 건물, 네모난 트럭, 도로의 가림막까지, 네모를 이루는 사진은 수평을 기울여 더욱 불안정한 상태로 시선을 끌고 간다. 광각 렌즈를 사용해 거리감을 극대화한 구성으로 원근감을 강조한 사진이다. 근경을 강조한 바닥은 꼭짓점이 되는 원경을 비틀고 있다.

화면의 대부분이 도형을 이루는 바닥으로 채워져 불안함을 극대화하고 있다.

주차장엔 흰 트럭이 주차해 있고 다른 차들은 보이지 않는다. 다수의 행인이 움직이고 가로수 아래 마주 보이는 빌딩과 나뭇잎에 가린 또 다른 빌딩이 나란히 병치되어 있다.
매일 마주하는 도심의 풍경이다.

작가는 공용주차장을 다르게 접근하고 표

현하므로 고정관념을 탈피하고 있다. 카메라의 위치를 낮은 자세로 변형시킨 방법은, 낯익은 풍경을 낯선 풍경으로 재구성해 평범함을 허문다.

눈에 보이는 것이 다가 아니듯 이렇게 수평, 초점, 자세를 변형해 세상을 바라보는 생각을 다양한 방법으로 자유롭게 표현한다.

어떻게 바라보는가. 무엇이 주제의 본질인가에 따라 각기 다른 구성과 빛의 각도, 사물의 내면과 외면이 두드러지며 질감은 의미를 강조한다. 그리하여 쉽게 지나칠 수 있는 삶의 소소한 풍경들은 또 다른 시각으로 생각의 폭을 넓히는 것이 아닐까?

다르게 표현하기 다르게 바라보기란 이렇게 평범한 내 앞의 바닥에서 시작하는 것이 아닌지,

오늘을 다시 재구성해 본다.

바닥의 깊이

잠시 내린 빗물일까?

콘크리트 바닥으로 주변 건물이 반영된 사진이다.

도로인 듯 주차장인 듯 긴 화살표가 소실점을 향하고 있다. 콘크리트 바닥을 순간 포착한 포토 스트레이트는 빛의 밝기에 따라, 예상 밖의 형상이 나타나기도 한다.

파란 창문과 먼 하늘, 자동차 바퀴자국 이 모두를 하나의 웅덩이로 압착한 다중 이미지는 깊은 벽과 어우러져 안과 밖, 위와 아래가 투명하게 서로 중첩된 하나의 이미지를 형성하고 있다.

바닥의 끝이 이 건물의 입구임을 고인 빗물이 반영하고 있다.

건물의 깊은 창이나 출입문인 듯한 현관의 푸른색으로 아마도 비 갠 후 모습이 아닐까, 생각된다. 하지만 물속으로 들어간 건물은 보이지 않는 옥상으로 하여 건물의 정보나 그 높이 또한 가늠할 수 없다.

사람의 모습도 간판의 모습도 보이지 않는다.

이 사진은 비 온 후 흔하게 접할 수 있는 주변의 이야기지만, 가까이 다가가 낮은 자세로 렌즈를 기울였을 때 발견할 수 있다. 소소하고 가시적인 잠시 후면 곧 사라질 소멸의 재현이지만 낯선 풍경으로 순간 걸음을 멈추게 하는, 물속의 또 다른 세상이다.

늘 있는 것들이 다르게 보일 때가 있다. 보이는 각도와 위치에 따라 비가시적인 것들이 의미를 강조할 때 사진은 언어가 된다. 새로운 시각은 보이는 대상을 이미지화한다.

넘쳐나는 파편적 이미지로 현실은 어디까지 오늘일까?

바라보기/ 시선 활용하기

스트리트 사진은 자연스러움을 추구한다. 보이는 그대로 감정을 전달한다.

이 사진은 사람의 신체 일부분만 포착해서 구성한 이미지로 보는 사람의 상상력을 증폭시키고 있다. 모두 보여주지 않고 일부분만을 과감하게 절단한 기법은 호기심을 불러일으킨다.

낮은 자세로 순간 포착한 사진은 꽃밭을 배경으로 촬영되었는데 강인한 군복 무늬의 찢어진 바지가 꽃과 대비되면서 시각적 관찰에 창의적인 영감을 전달한다.

가까이 근접 촬영한 이미지는 날것 그대로 화면에 폭력처럼 위치한다. 카메라의 위치와 피사체의 거리가 마치 손에 닿을 듯 밀착해 있지 않았을까?

이미지를 마주하는 순간, 카메라의 눈이 보이는 듯 시각적 공간의 거리가 결합되는 듯하다. 클로즈업한 사진에서 나타나는 답답함이, 여기서 보이지 않는 것은, 뒤편의 꽃이 적절한 위치에서 바라보는 사람의 시선을

그 건너, 건물 위 하늘까지 끌고 가기 때문이 아닐까?

보여주지 않을 때, 추상은 형성된다. 일상의 순간을 다른 방법으로 제시한 사진은 비가시적 의혹으로 대상을 확대한다.
의혹은 또 다른 상상을 발견하는 질문이 된다.

봄날의 페르소나

스트리트 포토는 순간 포착이다.

낡은 주택가를 탐색하다 보면, 적지 않게 만나는 동물 중 고양이는 날렵한 동작과 강렬하고 오묘한 색의 눈빛으로 상상력을 불러일으킨다.

가까이 다가가 카메라를 들이대도, 꼼짝하지 않고 렌즈를 쏘아보다 싱겁다는 듯, 이놈은 늘어지게 하품을 한다. 그 덕분에 그의 송곳니 혓바닥 돌기까지 몽땅 메모리 속에 저장할 수 있었지만, 왜? 고양이는 그 자리에서 낯선 사람을 경계하지 않았는지 궁금해지면서 아무것도 줄 수 없던 빈손이 미안해지던 순간이었다.

골목의 계단 끝엔 푸른 하늘이 비켜선 사광으로, 빛나는 봄날이다. 오래된 벽의 고요는 그림자와 극명한 대비를 이루며, 마을의 숨은 이야기를 풀어낸다. 도심의 높은 빌딩을 벗어나 구불구불 이어지는 언덕과 좁은 담의 골목에 들면, 잃어버렸던 기억이 돌아오는 감성으로 편안해지는 걸까? 누군가 남긴 낙서처럼, 긴 수염의 노란 눈동자처럼, 지나가는 발걸음을 잡고 놓지 않는다. 그 순간의 기억에서 또 하나의 경험이 스쳐간다.

거리엔 삶으로 이어지는 생명과 무생명들의 시간이 함께 어우러져, 조화를 이루는 순간으로 재현된다. 하품을 나누어 가진 삶이다.

개념적 병치

뜻밖에 마주친 만남은 발길을 멈추게 한다. 그것이 전혀 예상 밖의 마주침이라면 더욱 그럴 것이다. 오래된 건물이 좁은 골목을 이루고 있는 익선동, 서울 한복판에도 전깃줄은 하늘을 건너가고 있다. 무심코 올려다본 하늘에 휘날리는 '식물' 전혀 어울릴 것 같지 않은 '식물'이란 글자가 유리창에도 빛나고 있다.

도시와 머나먼 하늘과 병치하는 방법 식물처럼

로우앵글은 바라보는 시선을 경쾌하게 하여 시원한 느낌을 준다. 올려다 본 시각은 평범함을 벗어나, 상상의 폭을 넓혀주고 답답한 일상을 벗어나게 한다. 나는 오른쪽 상단의 낡은 철판 지붕에도 집중했다. 무엇을 버리고 포함시킬 것인가? 많은 것을 절제하고 비움으로 더 많은 의미가 전달되는 것 또한 사진 미학이다.

하루를 살아가면서 선택해야 할 것, 포함해야 할 것, 그리고 과감하게 비워야 할 것들을 생각해 본다.

감각으로 읽기

기법과 형식

노파인더 기법은 뷰 파인더를 보지 않고 그냥 느낌으로 찍는 방법이다. 이 과정에서 사진은 계획된 설정의 메커니즘을 벗어나, 예기치 못한 포착으로 새로움을 창조한다. 우연과 의도하지 않았던 순간이 합쳐진 대상들, 이들의 낯선 조합은 상상력과 신선함을 전달한다.

색상과 질감

흐린 날의 오후는 구름을 뚫고 나온 햇살의 난반사로 푸른빛을 담고 있다. 로우앵글을 사용한 초점이 흐린 사진이다. 아마도 걸어가면서 팔을 늘어뜨린 높이에서 그대로 기록했을 가능성이 높다. 역광으로 사람의 모습이 거의 실루엣에 가깝다.

중심과 균형

광각 렌즈는 넓은 각도로 가까운 피사체는 크게 멀어질수록 왜곡이 나타나는 특성이 있다. 남자의 등이 밀착된 구도는 건물의 쏠림으로 불안정해 보이지만 과격한 구도로 역동적인 리듬을 준다. 남자의 어두운 등이 불안정한 중심을 조율하고 있다.

주제와 의미

도시의 생활은 높은 빌딩만큼이나 불안하고 어두운 구름처럼 앞이 보이지 않을 때가 있다. 정확한 구도와 계획된 방법에서 벗어나 오늘을 한번 재구성해 보는 것도 창조적이지 않을까? 공식 없이 손끝의 감각으로 거리를 해석해 본다.

만나고 이별하고 다 함께 익명

이미지 읽기

지하 공간은 도심의 또 다른 모습이다. 사진 A는 사람의 동적인 모습을 흐리게 처리하여 현대인의 바쁜 일상을 표현한다. 이동하는 사람들이 눈앞에서 흐려지거나 형태를 알 수 없는 실루엣으로 나타난다. 속도를 표현한 사진은 지하 공간을 유형적으로 활용하고 있다. 다가오고 지나가면서 펼쳐지는 입구와 출구, 누군가는 떠나고 또 들어오고, 만남이 서로 교차하는 장면을 보여준다.

사진적 해석

스트레이트 사진은 있는 그대로 현장을 재현한다. 공간은 방향성과 좌우 대칭 각기 다른 목적으로 분주하다. 서로 누구인지 모르는 시간의 흐름이자 존재의 흔적이다. 그러나 곧 사라져 아무도 기억하지 못 할 현대인의 모습이다. 거리 사진은 도시의 일상을 채집하듯 포착한 후 시각적으로 표현한다. 사진은 끊임없이 움직이고 재생산되는 공존이다. 시곗바늘처럼 올라가고 다시 바뀌는 환승역처럼

개인적 맥락

도로나 지하철 어디서든 사람의 일상을 기록하는 일은 쉽지 않다. 익명성은 다양한 방법으로 표현의 제한이 따른다. 배경이나 셔터스피드로 인물의 신원을 감출 수 있으나 때로 현장성이 떨어져 의미를 감소시킬 수 있다. 하지만 이러한 위험 요소는 접근하는 방법에 따라 비현실적이거나 동적인 방법으로 도시의 삶을 탐구하는 계기가 되기도 한다.

길 위의 사물들

쓰레기통과 커피잔, 누가 만든 디자인일까, 유쾌하고 신박하다. 거리엔 아이디어가 넘치고 소소하지만 푸근해지는 크고 작은 이유들이 넘쳐난다. 내가 몇 해 전 소형 라이카를 또 구입한 이유다. DSLR보다 화질은 떨어지지만 휴대 간편한 편리함은 그 무엇과도 비교할 수 없다. 언제 어디서든 백 속에 손만 넣으면 거리의 모든 사물을 관찰할 수 있다. 그들의 언어와 제스처 고유한 색상 그리고 특별한 흔적의 형이상학까지 심지어 그들의 숨은 이야기와 내면의 감정까지

그날 두근거리는 내 일상의 낯선 만남까지

길 밖으로

전봇대가 정중앙을 차지하고 있습니다. 무엇을 전달하고 있는지 짐작이 가는 골목이지요. 짙은 어둠에서 빛은 활력 있고 앞으로 나아갈 희망의 아이콘입니다. 한 장의 사진에는 수많은 표정들이 내러티브를 이루고 있습니다. 바라보는 깊이에 따라 숨은 그림 찾듯 그 날의 재현된 순간을 이미지 속에 저장합니다.

하늘을 이리저리 끌고 다니는 전선들이 테두리 밖으로 빠져나갑니다. 존재하는 공간이 모두

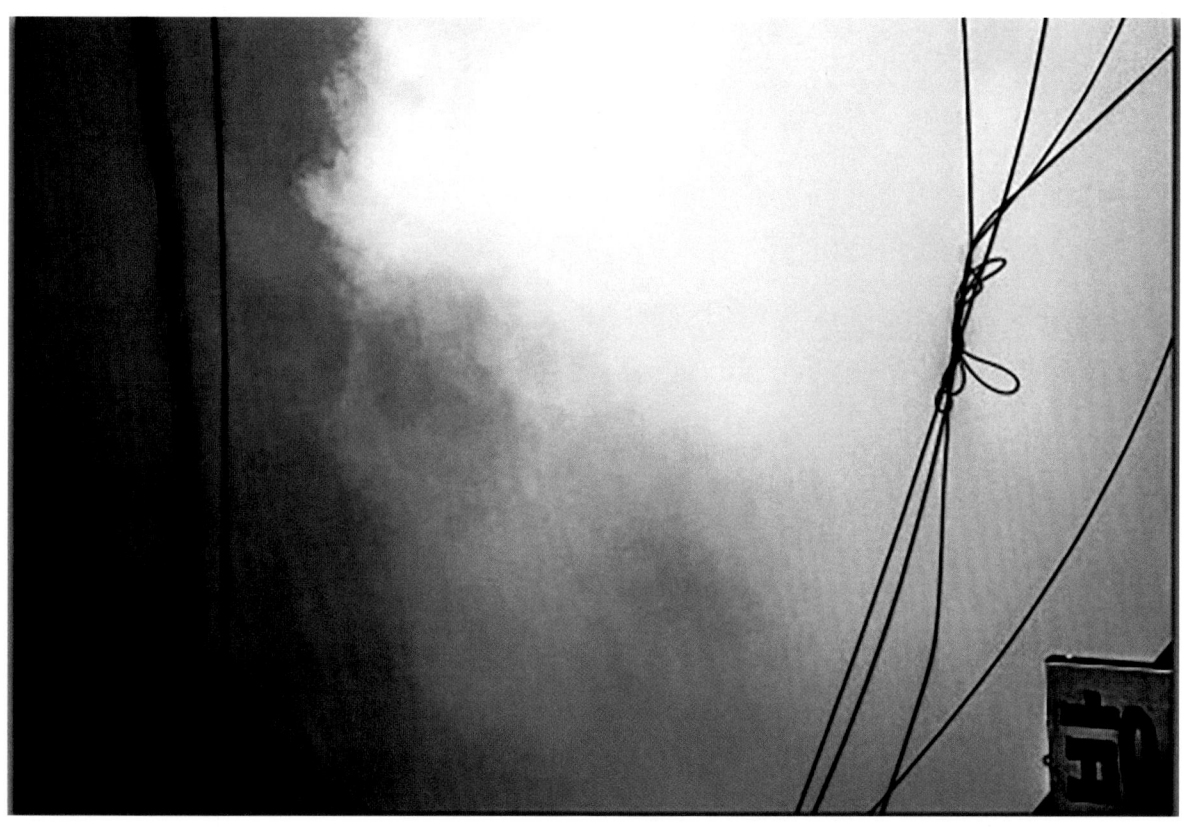

길, 의식 속에 잠재되어 있는 방향입니다.

　바쁜 하루가 오후를 지나고 있습니다. 신호등을 건너고 지하철 환승을 하고 모임과 주어진 하루의 경로들, 우리가 걸어온 길처럼 문득 올려다본 허공은, 더 많은 치열함으로 묶이고 늘어지고 따로 휘어진 채 어지럽습니다. 무언가 찾아가는 것이 길이라면 사람이나 세상의 모든 사물이나 치열해질 수밖에 없겠습니다.

여행자의 눈

색은 감정이며 자신을 전달하는 무언의 함성이다. 희망, 유쾌, 풍요의 의미를 내포한 노랑은 이념적으로 자유를 상징한다고 알려져 왔다. 녹색 또한 노랑의 유사색으로 근접해 있다. 벽, 난간, 의자, 이불 심지어 아이의 티셔츠에도 노랑은 존재한다.

끝없는 욕망의 표출일까? 기원일까, 노랑은

이 골목의 기호가 되어 문화를 이루고 있다. 조금씩 낡아가는 담벼락엔 사람들의 일상이 있고, 타일 바닥 사이사이 분주한 발자국이 스며 있다. 존재하는 모든 것들은 함께 한 시간만큼 익숙해지면서 교감한다. 그것이 서로에게 다가가는 방법으로 삶의 원동력이 된다.

무생물의 건물과 사람 노인과 아이가 대비를 이루고 있는, 이 골목은 오랜 전통이 문화 깊숙이 내재된 모습으로 마치 색채를 중요시 한 인상주의 한 작품을 보는 듯한 느낌이다.

디자인합니다

여행지에서 만난 한적한 도시다. 편의점 보도블록이 엉킨 듯 이웃이 되는 전깃줄, 빈터를 가로질러 건물 옥상에 내려앉은 하늘, 구름까지 살아가는 모습은 국내나 국외 별반 다르지 않다.

사진도 디자인이란 개념을 벗어날 수 없다. 사진가의 창의적 프레임은 상상력을 부여하며 새로움을 전달한다. 단순한 기록을 탈피하려는 시도와 창작으로 포착된 순간은 예술의 영역으로 확장된다.

디자인은 다양한 정보와 스토리텔링으로 이어진다.

여러 원칙과 기법을 사용하여 메시지를 전달하는 촬영의 포인트는 균형, 조화, 익숙함을 벗어나는 방법이다. 바라보는 시선의 높이를 변형시켜 다르게 표현한 사진은 지루함에서 벗어나게 하며, 바닥의 높이에서 생성된 원근감은 리딩 라인을 따라 직진의 힘을 부여한다. 좌측에 거대한 자동차를 부각시킨 과감한 시도 또한 조형적 구성으로, 전경의 흰 자동차와 대비를 이룬다.

이렇듯 보는 각도에 따라 높이에 따라 우리의 눈은 다르게 제시하고 받아들인다. 같은 도시의 풍경을 전혀 다른 스토리로 번역, 반전시킬 수 있는 스토리텔링이지요. 그리하여 이미지를 개념화하는 사진, 여행입니다.

이 순간, 당신의 도로는 어디입니까?

다층적 시선

사진은 창문을 통해 바깥세상을 바라본다. 하지만 우리는 밖을 보기보다 유리 금속 위에 남은 사물의 흔적을 본다. 젖은 난간에 맺힌 물방울, 그리고 그 위로 희미하게 비친 반영, 피사체는 명확하지 않다.

카메라는 무엇을 겨냥했는가? 세상인가, 아니면 그 세상을 바라보는 시선 자체인가?

무의식, 꿈, 우연을 통해 세계의 이면을 포착하고자 하는 초현실주의는 현실의 왜곡에서 나타난다. 금속 난간은 일종의 거울이자 경계이며, 명확한 피사체는 사라지고 모호함이 시선을 잡아끈다. 우리는 현실과 반영, 외부와 내부, 주체와 객체 사이에서 '진짜'를 식별할 수 없다.

이 지점이야말로 초현실주의적 발화의 순간이다.

동시에 이 사진은 추상 사진으로도 읽힌다. 구체적 대상이 아닌 형태, 질감, 색감, 구도가 인상을 결정짓는다. 반사된 풍경은 왜곡되고 흐려진다. 아래쪽의 계단, 초록 울타리, 지붕은 프레임 하단에 머물고, 시선은 금속 표면과 그 위에 번지는 물방울의 유기적 배열로 끌려간다.

이는 피사체보다 '표면'과 '질감' 자체가 주인공이 되는 전형적인 추상 미술이다.

전통적인 구도는 대상 중심적이지만 난간이라는 방해물을 과감히 중심에 둔 이 사진은 프레임 전복을 시도한다. 관객의 시선은 난간을 가로질러야만 바깥세상에 도달할 수 있는 불편함, 이것은 마치 우리가 현실을 '그 자체'로 보는 것이 아니라 언제나 무언가를 '통해' 볼 수밖에 없음을 시사하는 메타 시선의 프레임이다.

이 모든 장면의 핵심은 '반영'이다. 반영은 복제이고 왜곡이며 간접성이다. 그 위에 찍힌 인물의 모습은 정확히 인식되지 않는다. 작가 자신일 수도 있고 실내의 검은 그림자일 수도 있다. 이는 정체성의 유동성을 말하는 것이어서, 현대사회의 자아란 반사된 이미지, 다른 사물 위에 투영된 잔상이다.

그날 나는 무엇을 보았는가? 무엇을 보려 했는가.

K2025호

이 조형물은 수천 년 전
우주의 외계 도시에서 쫓겨난 신인지 몰라
인간의 행성에서 인간의 형상을 부여받은 형벌 일지도 모른다.

사실 이 광장은 오래전 물속에 가라앉았던 도시, 비 오는 날이면 수면이 걷히며 바닥이 드러난다.

조형물은 그 도시의 마지막 남은 거주자, 아니 불시착한 물의 행성이다.
고철 위에서 춤추는 물고기의 꿈이다.

현실과 꿈
강화에 도착한 2025
물 위와 물 아래의 경계가 사라지는 지상의 첫 발자국이다.

한 마리의 시간 벌레가 강화도 역사박물관 앞의 공간을 뜯어먹고 간다.
그 벌레가 남긴 틈으로 다른 시간 선의 존재가 튀어나왔다. 그는 과거도 미래도 모르는 중간계 주민일까.
감정과 목적이 강탈당한 채 광장 한 귀퉁이에

그대로 멈추어 있다.

거대한 안경 너머로 아이의 눈동자가 보인다.
물고기 환상과 상상이 되어버린 것들 현실은 잊힌 존재로 재해석 된다.

폐기물이 된 상상의 이탈로 귀환하는

어쩜 우리는 원래 이곳에 없었는지도 모른다.
빗방울이 도착한 바닥의 물기는 지나간 시간의 잔상처럼 비틀거리며 늘어났다. 파인 웅덩이에 몸을 던진다. 흐린 하늘도 반 거꾸로 가는 세상이다.

광장에 도착한 신들은 나를 바라보지 않는다.
나는 침묵을 위해 만들어졌다.

도착은 이미 이 광장에서 오래전에 사라진 언어이며 전설이 된 것일까
내가 다른 행성으로 여행이 필요하지 않는

오늘
망각의 이유로
못 박힌 형벌의 또 다른 조형으로

우리는 모두 일제히 일탈한 버스에 올라 귀환한다.

떠돌고 있다

사진은 지시하지 않는다. 목적지를 그대로 재현할 뿐, 양쪽으로 갈라진 공간이다.

동시에 걸어갈 수 없는 순간을 시각화한다. 표면은 내면의 의식이다. 자신조차 인식하지 못한 감정의 지류를 향해, 마치 꿈이 분열되는 찰나, 공간적 몽상을 태동시킨다. 우리는 어떤 방향도 앞서지 않고 우리는 중심도 외곽도 없이 나누어진다.

다른 꼭짓점으로 유기적인 '나는 어디로 향하고 있나?'

누구인지 풀은 확장된다. 이파리를 따라 길은 우리에게 잃어버린 꿈의 감각을 제공한다. 사진의 구조는 중심을 회피하며, 시선을 둘로 나누어 가진다. 이 갈라진 꿈속에서 느끼는 내가 나인 것 같은데, 아닌 것 같은 나,

너인 것 같은 나, 꿈의 심판자처럼 나무는 길을 나누지만 길에 소속되어 있지 않으며 몽상 이전의 상태로 떠 있다. 누군가 떠나기 전의 선택을 강요하고 있다. 꿈의 잔해로 숲은 흔들리고 방향을 읽으려 하면 할수록 미끄러지는 이곳일 수 없는 저곳

길은 미래의 경계선이다.

현실의 틈새에 존재하며 현실의 한 부분을 선택하는 순간, 회기한 공간의 기억은 장소이자 망상의 회로다.

사진은 '길'이 아닌 '길 없음'에서 시작된다. 시간의 정지에서 공간의 뒤틀림으로

당신은 지금, 걷는 것이 아니라 떠돌고 있다.

모든 방향의 기억 같아

이 사진의 구조는 기하학적 구성의 극단이다. 전선들은 방사형으로 뻗어나가며 시선을 중심 기둥에 집중시키고, 그 기둥은 동시에 "시점"을 분열시킨다. 건물의 각도는 시선을 불안정하게 하며 비스듬한 구도가 마치 현실이 기울어진 것처럼 느껴지게 한다. 질서와 혼란의 충돌이 이 구조 안에서 발생한다.

이 장면은 도시의 일부가 아니라 한 존재의 시점이다. 하늘을 올려다보며 자신의 방향을 잃은 채, 어떤 세계와 접속을 시도하고 있다. 공간은 나를 담지 않고 나를 압박한다. 하늘은 보이나 뚫리지 않는 것처럼.

나는 이 구조물 안에서 인간 부재의 존재감을 본다. 전기는 흐르지만 주체가 없는, 광고판, 전선, 건물 – 모두가 기능을 위해 존재하되 어느 누구도 실존하지 않는,

여기에서 전선은 언어다. 각 방향은 문장이며 연결의 구문이다. 하지만 이 문장은 의미를 발화하지 않는다. 배너, 간판, 광고 문구는 중첩된 코드일 뿐, 기표들이 서로를 포섭하지 못하고 붕괴하는 연장이다. 연결만이 존재할 뿐이다.

전선은 마치 꿈속의 실처럼 하늘로 뻗는다. 현실은 너무 또렷해서 비현실처럼 느껴지는 순간이 있고, 계단으로 이어지는 무의식의 공간으로 전선이 뇌신경처럼 연결된 도시의 초상이다.

우리는, 이 도시는 모두 모방이다. 수입된 구조물들의 반복이다. 광고 속의 언어는 도시의 욕망을 향한 시선이다. 소도시의 풍경이 다른 도시의 복제가 된 어딘가 익숙한 프레임으로 의존하고 있다.

그리하여 속도와 연결의 증폭된 시각화를 이룬다. 인터넷, 전기, 통신, 광고 – 도시는 인간을 매개로 삼지 않고 시스템을 스스로 관리하는 상태로 진화했다. 그리고 그 결과 우리는 누구의 도시도 아닌 도시의 노드가 되었다.

그날 내가 올려다본 시선 안에서 나는 방향을 잃고 도시의 어떤 눈동자와 조우한다.

반복되는 커서

이 사진의 중심은 흰색 화살표다. 그것은 명령이다. "앞으로 가라" 그러나 바로 그 위를 지나가는 사람의 몸은 잘려있다. 하반신만이 등장하고 존재의 일부만이 명령을 수행한다. 의도된 질서(방향성, 직선, 전진)는 현실 속 인간 존재의 파편성과 충돌한다. 사진은 이러한 지시에 의문을 던진다. 방향은 누구를 위한 것인가? 몸은 어디까지 따라야 하나, 아니 어디까지 현실인가? 오른쪽 위 지워져가는 두 발의 존재는……

이 화살표는 컴퓨터의 커서처럼 보인다 우리는 마우스의 명령처럼 누군가의 손길에 따라 도심의 거리를 걷고 있는 것은 아닐까? 그렇다면 이 장면은 디지털과 물리의 경계를 넘나들고 있는 꿈의 기호이다.

커서는 바닥에 눕는다. 바닥에는 수천 개의 발이 닿는 걸음마다 이름이 재배열된다. 커서는 나의 다리를 데리고 지나간다. 지나가야 채워지는 길은 오늘 잠시 비워두기로 하자. 거대한 방향이 등을 추적하지만 커서가 닿지 않는 방향, 왼손에 든 종이봉투가 펼친 도로를 길 밖으로 밀어넣는다. 거리에는 커서가 있다. 커서는 사람을 클릭하지 않는다. 커서를 지나치는 사람들, 모든 방향이 드러나는 순간, 이미 잘린 시간을 선택한 허리를 따라간다. 화살표는 기억을 숨기는 방식이다. 그게 신호였다. 나는 발을 움직인다.

거리에는 명령을 받을 수 없는 몸들이 쏟아진 절반이다.

철제 건물, 구름, 새

　　거대한 철제 건물이 하단의 대부분을 차지하고, 그 위로 두 마리의 새가 흰 구름과 함께 날아가는 사진이다. 있는 그대로 가공하지 않은 사진을 스냅 사진이라 한다. 이 스냅 사진은 자연의 이런 순간을 포착해 전달한 이미지에서 많은 상상을 하게 해주는 작품이다. 어디인지 무엇을 하는 건물인지 아무것도 알려주지 않는, 이 사진은 빛과 구름, 날개를 활짝 펼친 두 마리의 날아가는 새로 하여 희망의 아이콘이 된다.

　　철제 건물에 많은 공간을 부여한 구성은, 억압과 단절 경직을 상징한다. 왼쪽 끝으로 비스듬히 남은 공간은 작은 부분이지만 더 강렬한 자유를 전달해 준다. 흰 구름과 함께 새로운 세계로의 비상이 꽉 막힌 하루를 상상의 나라로 연결해 주는 것 같다. 간판일까? 어떤 이정표일까? 하단의 작은 네모와 하늘이 주는 시각적 칼라 대비가 또한 돋보이는 관찰이다. 이렇듯 쉽게 지나가버리는 이미지들이, 순간의 한 컷으로 심장을 두근거리게 하는 것이 사진 예술이다.

골목 뛰어넘기

줄타기를 한다. 나누어진 길은 건물과 건물 창이 놓인 허공이지 바닥을 기준으로 끝나는 놀이는 아니야 넘어갈 상대가 필요하지만 내 발은 허공이다. 줄이 거기 있으므로 세상의 수많은 허공은 놀이를 위한 드로잉, 골목마다 끊어질 듯, 말 듯, 누가 그린 그림인지 건너가고 있다. 최초의 길에서

어긋난 최대한의 줄넘기를 계획한다. 그들은 길이 걸어간 사원이다. 넘어간 모퉁이와 유리창들은 텅 빈 골목을 뛰어넘는데 빠져나가지 못한 하늘은 이 골목 저 골목으로, 새 간판을 돌린다. 지붕에서 건너가는 지붕으로 철학원 편의점 돌아가는 이발소가 넘어간다. 아무리 돌고 돌아도 멈추지 않는 상가가 줄과 줄 사이에서

높이 뛰기를 한다. 꿈이 사라진 밤에도 계속

사진의 구성 또한 디자인이다

빛과 그림자가 만든 시간의 기록은 흘러온 흔적들이 쌓여 감정을 이룬다. 멈추어 있는 바퀴, 굳게 잠긴 문 그리고 쓸모를 다해 제자리를 잃어버린 액자까지 막다른 벽에 부딪힌 바닥은 깊은 밤 드러나는 별의 투명한 소리들을 기억한다.

가진 색을 절제한

골목은 대비로 가득하다. 빛과 어둠, 동그라미와 네모, 벗겨진 페인트 그리고 자전거 타이어에 묻은 들판들, 수직과 직선 사이 감각은 강한 음영의 시선으로 분위기를 끌고 간다. 조화와 긴장이 서로 조응하며 그림을 그리듯 바라보는 감정을 색칠한다.

은백색 금 간 벽이 정면을 사용하고 있다. 감정의 배치 또한 모노톤이다.

순간 수집가

보이지 않는 것이, 더 많은 이야기로 다가올 때가 있다.

횡단보도를 건너는 사람의 한쪽 발만을 포착한 이 사진은, 아스팔트의 흑과 백이 운동화와 동일한 색을 유지하면서, 단순 명료한 원칙을 추구하는 미니멀리즘을 구성하고 있다. 횡단보도에 신체의 일부분만을 집중 조명한 발견으로 찰나의 순간 포착이다. 발목엔 팔지인 듯, 바지의 밑단인 듯, 흐려져 여자인지 혹은 남자인지조차 가늠할 수 없다.

단단한 도로와 사람들의 행렬들은 사방 어디서나 지금 이 순간에도 이어지는 도시 속 풍경이다. 일상적인 삶의 한 부분을 떼어내 이미지화한 이 순간 포착은, 바라보는 사람의 시각에 경험적 사유를 넣어 보이지 않는 부분까지 추론하고 개입하는 상상으로 끌고 간다. 존재와 화면을 벗어난 비존재 사이에 존재하는 궁금증은 미니멀리즘이 선호하는 미학이며, 텅 빈 공간이 전하는 강렬한 언어로 사진이 사용되기도 한다.

어디까지 보여줄 것인가, 자세한 디테일이 사라진 부분은 감정을 전달한다. 상황을 추론하며 배경이 사용하고 있는 무채색과 깨진 바닥, 한쪽 발이 남긴 여정에 끊임없는 삶으로 직면하게 한다. 직립의 인간에게 발은 끊임없이 스치는 바닥처럼, 가장 강력한 주제의 방향, 핵심적 구성이 된다.

최소한의 피사체에서 우리는 무엇을 발견할 것인가. 사진이 프레임 밖으로 도로가 번지고 있다.

그리하여 눈앞이 온통

드러난 날개, 나뭇가지는 한 생이 걸어간 물결이다. 꿈틀거리는 빛, 기울어진 몸의 울음이다. 물, 물의 배경을 드러내지 마라, 나는 싫어, 사방 보이지 않는 네가 싫어, 길을 앞세우거나 그는, 깊은 밤 떨어진 폭풍우를 잉태한 계절이다. 중얼거리거나 벗어날 수 없는 사람은 지평선 끝으로 어두워졌다가 캄캄해진다. 눈앞이 온통 폭설일 때

 길은 눈동자가 사라진 능선으로 발을 옮긴다. 채색하고 더 깊어지고 풍성한 길의 범람으로 만족했을까? 번져나가는 숲의 서사에서 강물이 되는 나뭇가지, 한순간 꽃이었던 생을 기억한다. 낙화를 기억한다. 그리하여 사방은 아름다워지는가? 함께 걸어간 길이, 흘러간 날의 힘으로 단단해지고, 다시 도래할 물의 기억으로 봄날일 때

 눈앞이 온통 뜨거워질 때

개념적 대비

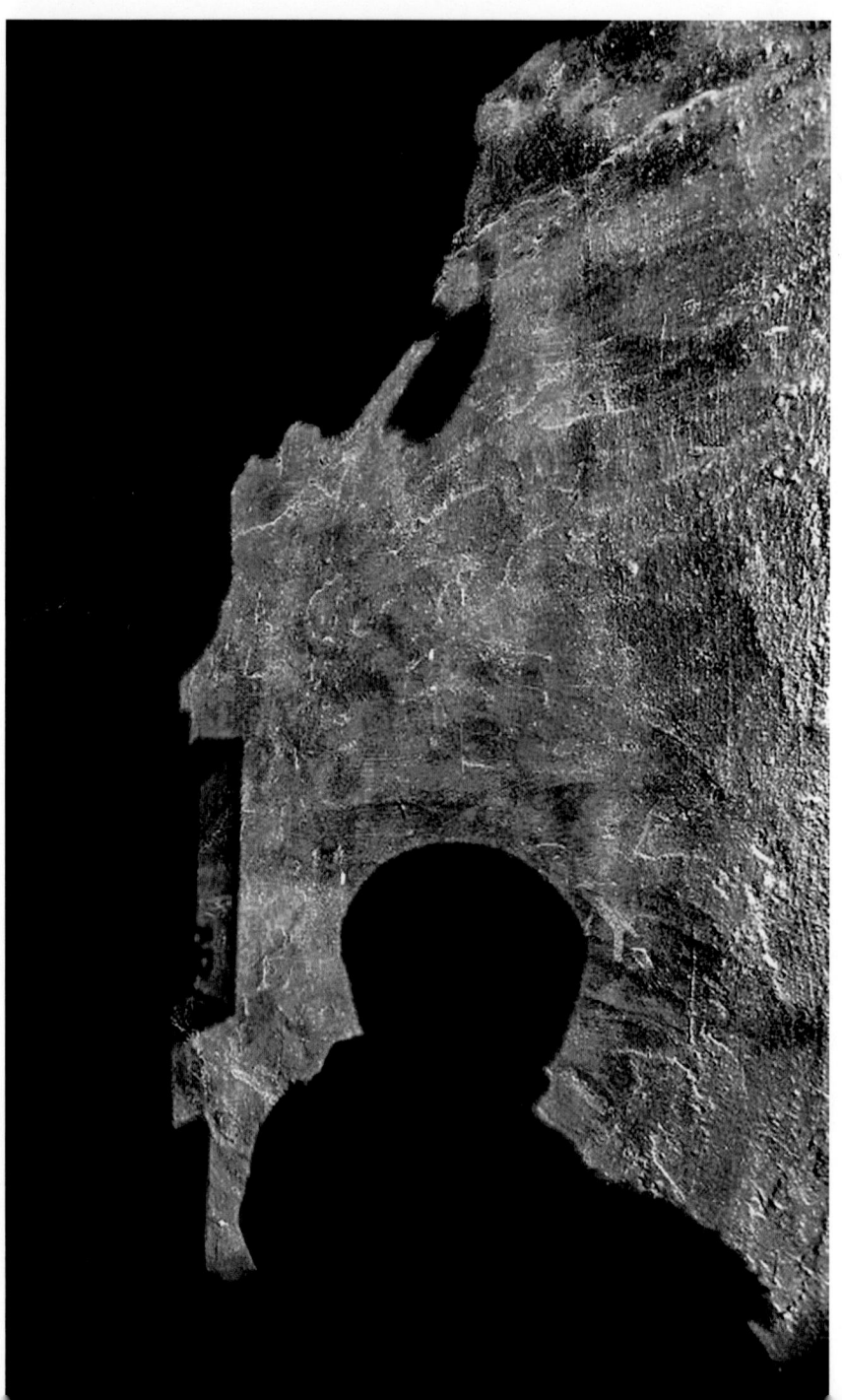

사진은 쉽게 다가갈 수 있는 이미지보다 낯선 방향으로 전개되는 스토리에 더 많은 관심을 일으킨다. 익숙한 대상보다 기이하고 미묘한 분위기에서 우리가 평소 느끼지 못했던 호기심을 발견하는 대상이다.

바라보는 사람의 각기 다른 체험으로 해석된 장면은 아름다움이나 초현실, 꿈, 예상치 못한 자극으로 창의적인 아이디어의 요소가 되기도 한다.

벽은 꽉 막힌 길의 은유이다.

모든 이야기를 삭제한 그림자의 내러티브는 벽의 디테일로 불안정한 심리를 드러낸다 하지만 빛은 왼쪽으로 치우친 어둠을 밀어내며 공간의 균형을 이루고 있다. 확고한 리딩 라인으로 시선을 끌고 가는 프레임은 미니멀한 빛과 어둠의 경계에서 개념적 대비를 추가한다.

벽은 존재이고 그림자는 허상이다. 때로 어둠이 빛보다 더 많은 이야기를 전달할 때가 있다. 피사체의 모든 디테일을 삭제한 공간으로 자꾸 시선이 가 머물듯, 아마도 나는 드러난 마음보다 드러낼 수 없는 골목 끝

두고 온 그림자처럼, 새로운 영감을 찾고 있는지도 모르겠다.

틈새의 시선

살짝 열려 있는 문은 언제나 보는 사람의 시선을 유혹한다. 열린 문 너머로 환히 빛나는 공간은 폐쇄와 개방, 금지와 허용 사이에서 관찰자를 긴장하게 만든다. 이사진은 단순한 실내 장면으로 끝나지 않는다. 문이 열려 있다는 사실은 시선의 통로를 암시하며 그 안쪽의 밝음은 일종의 서사적 의미를 제공한다.

문틈으로 보이는 의자의 일부는 완전한 사물 대신 부분을 통해 전체를 상상하게 만든다. 이는 고전 회화의 '트롱프뢰유' 기법처럼 현실의 질서를 흉내 내지만 동시에 현실을 질문하게 한다. 비유하자면 이 사진은 현실의 껍질을 들추고 그 너머의 다른 현실을 응시하게 만드는 미장센, 어떤 비밀의 암시일 수도 있다.

살짝 열린 문에 붙은 '금연' 문구와 타일 벽에 붙은 '비상벨' 안내는 이 장면에 긴장감을 더한다. 이는 공간을 단지 물리적 배경이 아닌 사회적 규율과 질서의 상징으로 전환시키고 있기 때문이다. 이곳은 어떤 의미에서 '감시'의 공간이기도 하며 그 안을 들여다보는 우리의 행위 역시 일종의 관음적 충동으로 읽힐 수 있다.

사진 속 문틈은 단순한 개구부가 아니다. 그것은 '보는 자'와 '보여지는 것' 사이의 심리적 혹은 철학적 거리감을 재구성하는 틈이다. '들여다보기'는 단순한 관찰을 넘어서며 그것 또한 욕망이고 호기심이며 동시에 균열을 내는 행위임을 부인할 수 없다. 이 사진은 그 균열을 통해 '보이는 것'과 '보이지 않는 것'의 경계를 탐색하게 만든다.

결국 이 장면은 하이퍼리얼리즘적인 정밀묘사처럼 극단적 현실성을 포착하면서 초현실적인 상상력을 자극한다. 보는 행위는 이 사진 앞에서 멈추지 않는다. 그리하여 우리는 이 문틈을 통해 현실 너머를 사유하는 미학적 경로에 발을 들이게 되는 것이 아닐까?

그날 내가 바라본 시선 뒤에서 바라보는 지금 또 누군가의 시선은 무엇을 인식하고 발견했을지 궁금해지는 테두리 밖이다.

멈추어 설 때가 있습니다

계단 아래 휠체어가 놓여있습니다. 불편함과 장애의 상징이며 계단은 더 이상 갈 수 없는 단절을 의미합니다. 누군가의 길이었던 의자, 작은 발과 둥근 다리, 같은 방향으로 어디든 함께 했을 두 사람의 이야기가 들리는 듯합니다.

길다고 해야 할까요, 짧다고 해야 할까요? 태어나 살아가면서 우리는 수많은 사건 사고에 노출되어 있습니다. 선천적으로나 서서히 다가오는 노화, 또는 수없는 병명으로 누군가의 도움이 필요한 삶입니다.

내가 혹은 타인이 모두 벗어날 수 없는 위험으로 공존합니다. 그런 의미에서 이 사진은 바라보는 사람의 마음을 잡고 놓지 않습니다. 혼자서는 움직일 수 없는 사람의 길을 끌며 허리를 숙이는 또 한 사람의 표정이 보이는 듯해

그냥 지나칠 수 없는 한 컷입니다.

기억과 역사/ 지속적 사유의 공간으로

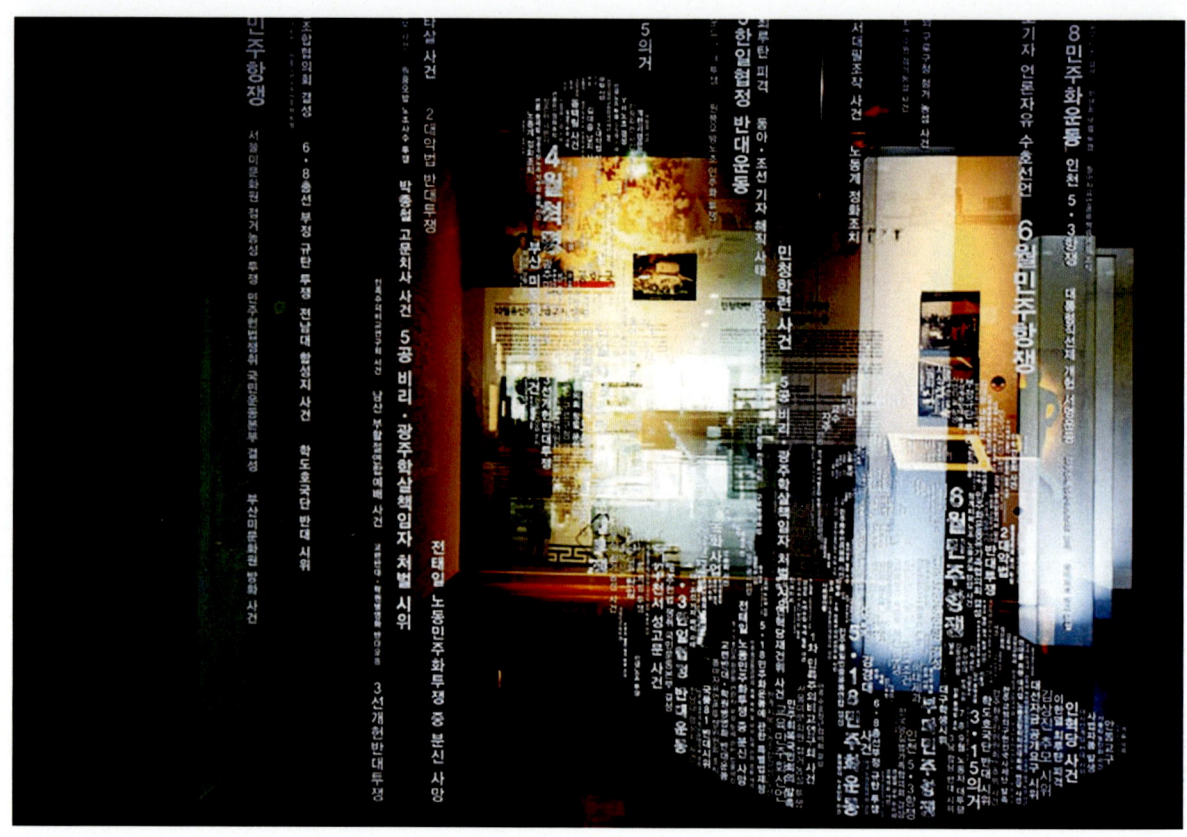

이 사진은 유리의 투명한 벽면에 텍스트들이 반사되고 투과되는 장면을 포착한 이미지이다. 여러 층의 글자가 반사와 투과를 통해 겹치는 레이어링 효과를 만들어낸다. 현대 미술이나 설치 미술에 자주 사용하는 기법으로 복잡한 시각적 경험을 통해 복수의 내러티브를 제안한다.

유리 표면에 비친 배경과 글자의 반사 효과는 큐비즘이나 사진의 다중 노출 기법에서 나타난다. 이는 특정 순간의 단면이 아니라 시간과 공간이 중첩된 상태를 보여주는 시도다.

텍스트는 단순히 의미 전달의 도구가 아닌, 형태적 요소로 사용되기도 한다. 읽히기보다는 보이는 언어, 즉 기호의 시각적 물질성이 강조된다. 이는 자크 데리다의 해체주의나 롤랑 바르트의 기호학적 접근과 연결된다.

민주화 기념관이라는 공간의 맥락에서 역사와 다층성을 형상화한다고 볼 수 있다. 겹쳐진 글자들은 "억압과 저항", "희생과 연대"의 기억들이 지워지지 않고 남아있는 상태를 상징한다. 이로써 사진은 단순한 기록이 아닌 기억의 장으로 작동한다.

사진을 바라보는 관객은 어느 층위의 텍스트를 읽어야 할지 갈피를 잡지 못하며 이는 관람자의 해석적 주체성의 유동성을 드러낸다. 이처럼 사진은 하나의 진실이 아닌 여러 겹의 진실이 충돌하고 공존하는 장면을 구성한다.

나는 이 사진에서 단순히 텍스트의 시각적 나열을 넘어, 민주화라는 역사적 서사와 기억의 다성성을 시각적으로 구현해 보고 싶었다. 지우려 해도 지워지지 않는 역사, 읽히지 않지만 존재하는 목소리들, 이러한 요소들이 겹겹의 텍스트와 반사된 이미지로 나타난다.

이러한 맥락에서 기억과 역사의 다층적 시간의 구조가 한 컷의 프레임으로 어떻게 가능해지는지 비평하고 연구하면서 왜곡, 중첩, 투명의 키워드에 초점을 맞추는 일이다. 오월의 또 다른 나의 서사 해체된 공간의 미학으로 가는 시각 예술이다.

터널 속으로

광장은 수많은 것들이 조합된 집합체이다. 기억의 잔재들이 모여 구조화된 통로처럼 살아 움직인다.

조형물은 그 자체로 무엇을 의미하는가 보다 다른 객체들과 관계에서 그 존재의 가치를 발휘하는 시각이다. 이 철골 구조는 보는 사람을 안으로 끌어들이는 '시선의 터널'을 만들며 관람자가 조형물 속으로 삽입되는 상황을 연출한다. 단일 오브제라기보다는 수많은 단위가 조합된 구조로 마치 기억의 잔재들이 모여 구조화된 무의식의 통로를 이룬다.

유기적이지 않음에도 불구하고 보는 방향에 따라 살아있는 유기체처럼 느껴진다. 이는 질 들뢰즈의 다중 연결성에 대한 '리좀' 개념이나 베이컨의 '몸' 이미지를 떠올리게 한다.

유리도 없고 거울도 없지만 이 구조물은 공간을 반사한다. 왜곡된 투시와 병렬 구조는 마치 기억 속의 세계처럼, 시간이 중첩된 장면을 보여준다. 나는 철의 조형을 보는 것이 아니라 그 사이로 열리는 세계를 보고 있다. 틈을 통해 바라본 광장이다. 그것은 현실의 일부분이 아니라 일종의 환영 혹은 타자의 시선으로 바라본 우리의 세계다.

인간은 프레임 중심에 있지 않고 스쳐 지나가는 배경으로 존재한다. 중심 관점에서 벗어나 자율적 시선을 암시한다. 마치 구조물 자체가 세상을 관찰하는 기계의 눈처럼.

구조물에 초점을 맞추는 순간, 나는 내가 구조물의 밖이라고 확신할 수 없었다. 오히려 그가 나를 보고 있는 건 아닐까? 그 틈 사이에서, 나는 현실을 스캔하는 하나의 감지기처럼 작동하고 있는 것은 아닌가?

사진은 단순한 조형 예술의 기록이 아니다. '지금'이라는 순간이 철 구조물 속에서 끊임없이 확장되는 감각, 왜곡된 시간으로 늘어나는 세상을 발견하는 통로이며 살아 움직이는 전복적 상상이다.

시선의 해체

사진은 카페의 장소를 넘어 감각과 시선이 해체되는 공간으로 초대한다. 하나의 시점을 해체하고 여러 관점을 동시에 보여주려는 입체주의는 흩어진 공간을 다시 조합하며 재구성한다. 사진은 같은 공간에서 미세하게 어긋나는 지점을 포착한다.

중앙의 사선은 밑변이 보이는 사선으로 움직이고 시선이 머문 빈 모퉁이가 이 둘의 무게를 들고 있다. 또 하나의 공간이 밀려가는 문밖, 이는 물리적 무게가 아니라 기억의 시간을 표현하는 방식이며 어딘가 두고 온 시간을 떠올리게 한다. 즉 시간은 늘 사선으로 빠르게 달려가지 않고 각기 주관적 경험 속에서 확장하며 축소되는 유기적 변화의 흐름이어서,

이리저리 끌고 가는 시선은 사방에 맞닿아있다. 단지 카페의 풍경이 아니라 우리가 의식하지 못한 내면의 공간을 열어주는 입구처럼 열어 있다. 흐루스트가 기억을 찾아 떠나는, 한 모퉁이의 구석, 탁자 위의 작은 조명, 아무도 없는 찾아오지 않는 의자와 어떤 오후다. 잊고 지냈던 감정 혹은 타지로 떠나버린 사람의 이름일 수도 있다.

이 사진은 현실의 기록이 아니라 생각의 초점으로 움직이는 이미지이다. 우리는 하나의 감각으로 전달되지 않으며, 하나의 시점으로 세상을 담지도 않는다. 시선은 어디든 움직이며 시간 속에서 살아 움직이는 신체의 일부이다. 그 시선의 움직임, 그 감각의 몸을 기억한다.

이 모든 사유는 분석적이고 해체적인 구성이지만 그 안에는 내 유년의 고요, 흘러간 대화, 다시 담을 수 없는 사람이 담겨 있다. 그것은 마치 너무 빨리 깨어나 버린 꿈의 한구석처럼, 아쉬움과 진한 골목의 잔상을 남기고 있다.

유리 뒤의 기척 – 몽상으로

투명한 것들은 말이 없다. 그러나 모든 침묵에는 감각의 손톱이 있다. 네온 빛 테두리로 감싸진 유리창은 이 거리의 노출된 피부처럼 존재한다. 우리는 유리를 바라보는 것이 아니라 사실은 그 위에 있는 기척이라는 존재 없는 존재를 감각하는 것이다. 어디선가 누군가가 서 있었다. 혹은 나였을지도 모른다. 사진의 오른쪽 푸른 창 위로 어렴풋이 떠오르는 검은 옷차림의 형상, 정지되어 있으면서도 완전히 떠나지 못한 누군가의 잔광, 유리는 모든 것을 가두지 않으면서 가둔다. 그곳에는 경계선이 없다. 경계선은 오히려 나의 눈 안에서 작동한다. 내가 바라보는 것은 거리를 걷는 나, 유리에 비친 나, 그리고 거리를 바라보는 나를 비추는 세계의 안쪽이다. 거리의 풍경은 기호화된 표면처럼 흘러가고 반사는 또 다른 감각의 문을 연다. 이 모든 것은 누구도 발견하지 못한 이중노출의 감정이다. 나는 한 겹 더 얇은 나를 통과하고 있다. 그 얇음 속에서 들린다. 기척, 기척, 기척, 말해지지 않은 말의 예감, 걸어오지 않은 것들의 잔향, 사라졌으나 아직 머물러 있는 사물의 작은 숨소리들, 나는 유리를 지나가지만 유리는 나를 한 번도 지나친 적이 없다. 그것은 언젠가 돌아올 미래의 발소리를 기다리며 거기, 그대로 붙어 있을 것이다.

다다의 형이상학

구조와 기호- 프레임 속의 프레임

 붉은 철의 구조는 기하학적 영혼의 격자처럼 보인다. 이 격자는 일상을 초월한 세계의 '경계'를 암시한다. 특히 이 격자 구조는 보는 이의 시선을 강제로 안내하고 또 가두는 역할을 한다. 여기서 우리는 물리적 현실과 정신적 현실이 동시에 '격자'화 되는 과정에 노출된다. 이 구조물은 우리 의식의 틀을 시각적으로 재현하고 있다.

흰색 천의 휘날림- 영혼의 흔적

흰색은 일반적으로 정화, 죽음 또는 재생을 의미한다. 그런데 이 사진에서는 그것이 바람에 흔들리고 있다. 흔들리는 천은 고정되지 않은 존재, 즉 정체성이 없는 존재들, 혹은 과거의 망령들을 상기시킨다. 이건 살아있는 이들과 죽은 이들 사이에 출렁이는 경계, 혹은 무속적 상징에서 말하는 혼령의 춤에 가깝다.

색의 대조- 육체와 영혼

강렬한 빨강(붉은 구조물)은 육체, 피, 현실적 충동을 상징하고 그 위에 얽힌 흰색 천들은 영혼, 기도, 부유하는 상념을 상징한다. 이건 육체 위에 영혼이 얽혀있는 장면이기도 하고 인간의 근원적 이중성을 시각적으로 상징화한 구도이다.

이 구조물은 공간적 조형물을 뛰어넘어 무언가 '소환되고 있는 중' 이다. 시간은 여기에 정지되어 있고 모든 색과 움직임은 마치 꿈속 제사의 잔상처럼 겹쳐진다. 붉은 프레임은 제단이고 그 위를 유영하는 흰 천들은 아직 말로 다할 수 없는 기운, 즉 기억되지 않은 조상들 혹은 원초적 충동의 정령들처럼 느껴진다.

이것은 공간이 아니라 의식의 실루엣이다. 바람에 흔들리는 천은 시간 이전의 문장들이고 붉은 철골은 신들이 놓고 간 기억의 골조다.

완성되지 않은 신체 – 철골 속의 존재론

이 사진은 건물이 되는 중간의 한 존재로 자라고 있는 순간을 포착한다.

노출된 철제 구조물은 마치 인간의 해부도를 연상시키며, 벽돌 외피 속에 감춰질 '뼈대' 그 자체를 드러낸다. 우리는 흔히 완성된 외관만을 기억하지만, 이 사진은 형태가 형성되기 전의 과정, 존재의 비가시적 구조를 정면에서 응시하게 만든다.

건축은 인간과 닮았다. 우리는 성장 과정에서 수많은 발판, 임시 지지물, 뼈대를 필요로 한다. 이 구조물은 그것을 은유한다. 일시적으로 얽힌 철제 계단들, 혼란스러울 정도로 얽힌 기둥들, 지지대를 위한 임시로 세워진 철봉들, 완성 후에는 모두 철거될 것들이지만, 이 불완전한 순간 없이는 어떤 외형도 도달할 수 없다.

사진의 구도는 혼란스럽게 보이지만, 그 속에는 강력한 수직성과 질서가 있다. 뼈대들이 마주 보며 긴장을 이루고, 텅 빈 공간이 중심을 형성한다. 이것은 마치 미완성된 유기체처럼, 존재의 구조가 서서히 자기 자신을 감당해 가는 중이다. 무엇보다 이 장면은 관객에게 묻는다

"너는 너의 구조를 본 적이 있는가?"
"너는 어떤 지지대 위에서 견뎌내고 있는가?"

은폐된 존재의 주름

감춰진 것은 존재의 방식이다.

보아 뱀은 다시 모자를 쓰고 등장한다. 밧줄로 묶인 거대한 방수포, 이 사진은 말한다. 그 무엇도 보여주지 않는다. 하지만 중요한 것은, 바로 그 '보이지 않음'이 가장 강력한 실재의 방식이라는 점이다.

짙은 남색과 회색빛이 섞인 방수 천막의 결은 나에게 마치 우주의 표면처럼 보인다. 실의 방향, 질감의 균열, 색의 밀도는 마치 시간이 가림막에 새겨놓은 지층 같다. 그리고 가운데 매듭은 존재의 중심으로 다가온다. 느슨하게 묶인 이 끈은 어떤 비밀을 막연히 봉인하고 있으며, 우리가 지금 보고 있는 건 '겉껍질'이다.

그 너머에 무엇이 있는지는 아무도 말할 수 없다. 하지만 그것이 바로 초현실이다. 존재는 본질을 드러내지 않는다. 대신 상징을 남긴다. 묶인 끈은 닫힘이 아니다. 그것은 열리지 않은 가능성이다. 가장 적은 정보로 대화를 시도하는 이 사진은 말한다

존재는 누군가가 열기를 기다리는 상태로 존재하는 것이라고.

투명해지는 의자가 있고

빈 잔에 물이 빠지고 있다.

건물과 건물 사이에 갇힌 듯 살아간다. 현대인들은 지하철이나 사람, 눈 뜨면 눈앞에 가로막는 것들을 피해 바쁜 하루를 보낸다. 때로 벽이 되는 사람을 만나기도 되기도 하면서 자동화되어가는 도시에서 기계처럼 움직인다.

순간이 되고 싶을 때가 있다. 너도 나도 아닌 내 안의 소리를 들으며 묻지 않아도 들리는 풍경이 될 수 있는 시간, 그 앞에서 나도 마냥 생각을 멈추고 문득 바다가 보고 싶을 때가 있다.

갯벌이 오고 투명해지는 의자가 있고

여행은 낯선 나를 만나러 떠나는 여정이다. 빈 의자처럼 터질 것 같은 기억을 지우고 가벼워지는 연습, 내어준 자리만큼 투명해지는 물음으로, 어쩜 우린 너무 많은 의자를 원했던 것은 아닐까.

푸른 별의 눈에는 그날

창 밖을 바라보는 아이의 표정은 보이지 않는다.

 무슨 생각을 하고 있을까, 어둠은 반영으로 깊어지고, 의자를 밀어낸, 텅 빈 벽과 프레임 '어디든 겁내지 않으리라.' 지하철은 또 다른 별을 향해 이동 중이다. 순환의 고리를 먹고 자라는 정거장이 되어, 바다에 이르리, 팔짱 낀 두 팔과 우뚝 선 두 발은 항해 중이다.

 전해지는 별의 이야기와 어느 지독한 바이러스에 대해

 마스크로 얼굴을 가린 아이는 경험의 날들을 눈으로 기록할 것이다. 그날 창밖이 휘몰아치는 것은 승객이 보이지 않는, 도시는 두려움 때문이 아니고, 또 다른 별의 이야기 때문이라고, 텅 빈 전동차가 끊임없이 달려가는 이유는 바로 여기에 있다.

 우주 끝, 위험한 정거장을 횡단하는 단호함, 지구의 별은 빈 의자를 두고, 우뚝 선 결단의 마주함을 직면하고 있다.

바다가 보이는 은하

모래는 어떤 화가의 작품처럼 추상적이다.

해안에 닿은 바람도 다른 방향의 모래도 같은 에너지를 표출하며 역동적이다. 끊임없는 밤의 탐구이고, 어쩜 이들은 낮의 순환으로 도착한 발자국일지 몰라, 눈부신 빛의 여정인지, 지나간 일들이 떠오른다. 이미 오래전 이별한 아버지, 재개발된 고향이나 흘러가버린 감정들, 누가 걸어갔는지 왜 자꾸 밀려오는지

잃어버린 모자와 후회와 회기하지 못한 기억들이 쏟아지고 있었다.
뒤섞여 짓밟힌 흔적에서

돋아나는 발자국이었다. 그날 내가 보았던 바다는, 끊임없는 숭고라고 읽어야 할까? 거대한 화면의 숨은 눈보라, 사진은 칼로 자르듯 초월적인 순간을 개념화한다. 풍경을 가두어 각기 다른 환영으로 소비시키는 시각 이미지들이다. 겨울 바닷가에 와서 바다의 폭풍우를 전하는 모래는 자신의 젖은 발목을 사용한다.

아무도 흉내 낼 수 없는 빛의 배경으로.

탐험하는 오브제들

다가가야 보인다. 소리 내어 읽어야 그 말의 뿌리에 가 닿을 수 있다.

높은 계단과 막다른 골목이 있는, 이화마을은 현대를 살아가는 사람들의 마음을 푸근하게 한다. 키 작은 담벼락 가득 쓰여 있는 글자들이 모이고 덧칠해져 마치 미술관에 전시된 미술품처럼 지나가는 사람의 걸음을 멈추게 한다. 누군가

처음 시작한 안부는 동굴이었다. 숲이었을까? 또 다른 연속으로 번호가 되고, 이름이 되고, 약속이 되는 형태로 유니크한 아이콘을 이룬다. 공존하는 메시지가 벽이란 지면으로 태어나고, 또 다른 삽입으로 저장된 텍스트들, 골목이 존재하는 이유이다.

의미는 기호가 되고 이들은 서로 닮음으로 재등장하는데, 이 모든 사유들은 각기 다른 시니피앙으로, 또 다른 소통의 기억으로 전이된다.

전봇대에 붙은 포스터나 녹슨 철대문의 벗겨진 페인트, 그리고 조도가 다른 창의 불빛이 어우러져 마을을 이룬다. 사람의 감정도 이와 같아, 쏟아놓은 그날의 기분에 따라 낙서의 크기나 사용한 문자의 의미들이 제각각이다. 서로 다른 것들이 모여 같은 맥락을 이루는 것일까, 의미를 부여하던 크고 작은 감정들이 서로 소통함으로 어우러지는 것일까.

도시를 탐험하다 보면, 낙서도 작품일 때가 있다. 그 어떤 미술품보다 더 깊은 이야기가 흘러나오는.

상상 그 너머

익선동 좁은 골목에서 포착한 스트레이트 사진이다. 상점인데 무엇을 팔고 있는지 알 수 없는 이미지는 바라보는 사람의 궁금증을 증폭시킨다. 흰색의 OPEN과 그 아래 굽 높은 신발, 그리고 배경의 대부분을 차지하는 또 다른 흰색은 서로 리딩 라인을 만들면서 삼각형을 이루고 있다. 저 나란한 두 켤레 구두도 판매하는 것일까?

누군가 벗어놓은 것 같은

채도가 강하지 않은 무채색을 이용해서 시각적 미학을 강조한 이 작업은 낮은 감도를 설정해 상점 같지 않은 묘한 분위기를 연출한다. 주변의 다른 색들을 제거하고 색온도를 낮춘 사진은 단순하고 차분한 느낌을 전달한다. 밝은 하이라이트에서 상징이 되는 OPEN과 무한한 길 위의 도전이 되는 구두, 그날 내가 바라본 것은 무엇이었을까.

개념적으로 읽기

벽

사진은 마주한다는 점에서 물음이고 오래 들여다보므로 전해지는 내면의 성찰이다. 때로 한 장의 사진은 아무 말도 하지 않는 벽으로 사진작가의 일상을 전달하기도 한다.

거울

사진 속 남자는 검은 옷과 모자, 검은 마스크와 검은 선글라스로 자신을 감추고 있다. 무슨 생각을 하고 있을까. 거울은 자신을 반사시켜 바라보는 사람의 대답을 요구한다. 안과 밖, 볼 수 없는 나와 보이는 나, 무엇이 진짜일까? 거울은 아무것도 말하지 않는다. 인식하고 받아들이고 온몸으로 자신을 반영할 뿐

그림자

개념 사진은 매번 벽에 부딪힌다 마주친 거울에 막다른 풍경이 되어 빠져나온 형상이 되어 시간은 현존하는 이미지와 또 하나의 이미지를 그림자로 전달한다. 그림자는 빛인가? 시간인가? 자신의 방을 뛰쳐나간 3차원의 초고속 평면인가.

이미지

내면은 때로 적응하기 어려운 초상이다. 현실은 끊임없이 타인으로 노출되는 이야기를 필요로 한다 대상을 필요로 하는 물음이나 질문이 시선으로 이 드러나는 방식이다. 제스처, 그림자, 거울의 방향은 고독과 정지된 시간의 물음이다.

사진 분위기

어떻게 하면 그의 얼굴을 볼 수 있을까. 어린 왕자 앞에서 거울에서 미니멀한 벽이 되어 갈등한다. 좁은 공간은 어떤 쓸쓸함, 방향을 바꾸어도 사유하는 부재를 내포하며 시각적 감각을 강요한다.

세 장의 사진

각기 다른 심도와 초점으로 포착한 순간은 어디를 찍었든 어떤 장소이든 같은 말을 전하고 있다. 검은 옷은 우울하고 거울을 바라보고 있는 모습은 유쾌하지 않다. 알 수 없는 얼굴이지만 막다른 곡목 앞의 구도는 바라보는 사람으로 하여 깊은 생각에 잠겨있음을 짐작게 한다.

개념적 결론

기억은 충돌한다 하지만 누구든 그 기억들은 각기 다른 형태로 개개인의 내면을 비추고 있다. 찍은 눈과 바라보는 눈은 서로 다른 거리를 달리고 있을지 모른다. 종착역이 존재하는가? 누가 먼저 다다를지, 그렇다면 무엇이 문제란 말인가, 남자는 떠나지 않는다.

눈과 눈에 대한 사적인 고찰

카메라의 눈은 이미지에 대한 강제 포착으로 일종의 폭력이다. 반면에 사람의 눈에 비친 사물은 일정 시간이 지나면 사라지고 잊혀진다. 간혹 정지한 카메라의 눈이 전하는 대상에는 개념적인 아우라가 나타나기도 한다.

사진작가의 구성과 의도적인 계획으로 형성된 사진은 이미 조작된 상태다. 어떻게든 그 사진에는 사진작가의 의도가 내재되어 있다. 그날 그 현장을 기록해야 하는 과정이 숨어있다. 지금 거기 무언가 존재했다는 사실은 바라보았다는 것을 전제로

사진이 철학으로 전달되는 미학적 이유가 바로 그것이다.

눈 속에는 배반할 수 없는 감정이 움직인다. 멈추어 있는 사물이 일어나 유동하는 셔터 스피드, 렌즈의 특성 및 빛이 관여된 감도까지 기술적으로 조작된 전달이다. 순간 포착된

초상들은 실재 가지고 있는 의도와 전혀 다른 목적으로, 그 당시 진실이 왜곡되어 표현되기도 한다.

날이 갈수록 기계 조작과 포토샵의 기능이 추가되면서, 가짜와 진짜가 뒤섞인지 이미 오래다. 허물어진 장르에서 우리는 무엇이 중요한가?

수많은 복제 앞에서 의문을 가질 수밖에 없다. 혼재된 이미지들의 홍수 앞에서 사진은 어디까지 진품을 논할 것인가, 연출 사진은 일회성일까? 어쩜 사진은 사진으로 타협하지 않았는지 모른다.

때로 어쩌면 자주 카메라와 사진작가의 눈이 다르게 표현될 때가 있다. 작가의 눈에 보이지 않았던 사물이나 그들의 미세한 제스처를, 파일 속에서 문득 발견하는 이 낯선 시선을 어떻게 정의해야 할까.

기억과 기록이 다른 방향으로 분리되는 시선이다.

눈은 여러 개의 조합으로 예술이 된다. 카메라의 눈과 사진작가의 눈 그리고 각기 다른 개념으로 마주 선 관람객의 시선이 한 장소에서 관계를 맺는다. 순간 화석이 되어버린 시간은 의도치 않은 곳에서 누군가의 아우라가 되기도 하고, 지극히 주관적인 푼크툼으로 타인의 눈이 되기도 한다.

어디에서 멈출 것인가, 여러 개의 눈이 동시에 내 눈은 이미 혼돈이다.

반영 속 자아 탐구

도시는 사람들로 넘쳐난다. 지상으로 지하로 하루에도 수없는 사람을 만나고 스쳐간다. 직장에서 모임에서 지하철 속 꽉 막힌 전동차 카페가 넘쳐난다. 하지만 고립감이나 소외감 등 더욱 불안해지는 삶에서 벗어날 수 없는 현실이다. 정보가 정보로 가짜 뉴스로 진짜와 거짓을 구분할 수 없을 만큼 노출된 삶이다. 고층 건물이 들어서고 생활은 지능적이고 더 풍요로워진 만큼 우리는 어떤 결핍에 몰입되어 있음을 부인할 수 없다. 도시인이 되어갈수록 타인으로 고독한 나를 발견하는 이유다.

사진은 지하철을 사용하는 사람들의 모습을 한 컷으로 보여주고 있다. 2차원의 사진을 순차적으로 쌓아 올린 이미지를 입체적으로 표현한 기록이다. 유리창에 비친 촬영자의 반영과 오른쪽으로 지나가는 사람, 앞쪽의 바닥과 건너편의 바닥, 반대 방향의 전동차를 기다리는 사람, 이 각기 다른 거리를 두고 겹친다. 마주 보이는 창의 입구 또한 이러한 시선의 깊이를 강조한다.

오버숄더 기법으로 앞 유리창을 걸고 찍은 사진은 마치 여러 개의 레이어를 중첩 시킨 것 같은 효과를 제공한다. 신체 일부분만 보이는 사람과 멈추어선 모습은 앞쪽에서 이동하는 사람의 운동감을 증폭시키고 있다. 때로 색은 기준점이 되어 공간을 나누는 역할을 한다. 전경의 차가움 또한 원경의 붉은색과 대비가 되는 보색으로 사진의 지루함을 벗어나게 한다. 오른쪽의 원형 기둥 또한 산만하게 내재되어 있는 피사체들의 무게를 지탱하며 공간의 균형을 이루고 있다.

팬데믹이었을까? 자세히 보니 모두 마스크를 착용한 모습이다. 한 장의 사진은 보이는 것 이상의 많은 이야기를 소유하고 있다. 각기 다른 몸짓으로 포착된 사람들은 언젠가 눈빛이 마주쳤을 것 같은 익숙한 모습이지만 각기 나름의 이유로 바쁜 도시의 초상이다. 우리는 똑같은 구조의 아파트를 나와 구획된 도로를 건너 같은 전동차로 이동한다. 다 함께 빨간 불에 멈추어 서고, 오늘 어떤 커피를 선택하셨습니까? 같은 옷에 다른 육체와 같은 반영으로 마주 선다. 익명성을 요구하는 현대인의 삶을 마스크로 정당화시킨, "시대의 사진"이라 아니할 수 없다.

거인의 침묵

인간의 형상이 대지 위에 누워 있다. 돌처럼 단단한 물질로 조형된 거대한 얼굴이다. 눈은 감았다고 아니 열려 있다고도 할 수도 없는. 침묵하는 얼굴, 하지만 침묵은 단순한 정적이 아니다. 그 안엔 수천의 말이 응축되어 있다.

검은 조형물은 마치 고대의 신화 속 존재처럼 땅에 내려와 인간세계를 관조하는 듯 표정 또한 모서리 없이 초월적이다. 더 이상 말을 잃은 문명의 파편처럼, 주변을 둘러싼 형형색색의 꽃들, 자연은 여전히 피고 지고 살아 숨 쉬는데 얼굴은 침묵 속에 잠겨있다.

이 조형물은 과연 살아있는 자를 위한 위안일까, 아니면 잊힌 자의 무덤일까?

철학자 마르틴 하이데거는 '존재'에 대해 말하며 예술은 사물의 본질을 드러내는 방식이라고 했다. 이 얼굴은 우리에게 무엇을 말하고 있는 것인지, 생명은 잠시 피었다 지는 꽃과 같고, 인간의 흔적은 돌에 새겨졌다. 생명의 순간은 찰나이고 기억은 무거운 조각이 되어 남는다.

미학적으로 이 조형물은 극단적인 단순성을 통하여 보편적인 얼굴을 구현한다. 개별 인물이 아닌 인간 전체를 상징하는 존재이다. 어떤 이는 이것을 "인류의 얼굴"이라 부를 수도 있겠다. 보는 이가 누구이든, 이 얼굴은 마주한 사람의 감정을 투사하게 만든다, 평온해 보이기도 하고 슬퍼 보이기도 하며 어떤 순간에는 분노나 체념이 담긴 듯 보이기도 한다.

이 사진은 단지 풍경의 기록이 아니다. 조형물과 배경은 하나의 철학적 질문을 우리에게 던진다.

우리는 무엇을 남기고, 무엇을 침묵 속에 묻어야 할까?

색과 색의 연금술

사진은 단순히 기록에서 끝나지 않는다. 카페는 색의 연금술사가 드리운 두 개의 거울, 현실의 표피를 뚫고 들어가는 질문이며, '푼크툼'의 출현이다.

올 데이 스테이는 내 꿈의 기억을 떠올리게 했다. 겹겹이 쌓인 붉은 접시들, 이 붉은색은 단순한 흙의 근원인 자연의 온기가 느껴지지 않는다. 르네 마그리트 그림 속 사과처럼 일상적 오브제가 던지는 비일상적인 구도로 시선을 압도하고 있다. 아무것도 담겨 있지 않은, 사라진 사람의 식사인가? 붉은 테이블 위에 놓인 붉은 접시와 상단의 붉은 창틀, 붉은색은 창밖의 흐린 녹색과 대비되며 이쪽과 저쪽, 현실과 초현실의 경계를 모호하게 만든다. 이 붉은 욕망은 무의

식 깊은 곳에 숨겨진 상처나 열정을 찌르는 푼크툼이 된다.

 사진 B 또한 바다의 심연, 밤하늘의 무한함을 담고 있다. 그러나 붉은 접시가 가진 '뜨거운' 감각과 대비되는 이 푸른색은 차갑고 정제된, 어쩌면 인간의 감각을 마비시키는 냉철한 이성의 상징이다. 끊임없이 쌓아 올린 그릇의 정렬은 그 어떤 흐트러짐도 인정하지 않겠다는 듯 기계적인 고독을 암시하는 듯하다. 이 차가운 색 또한 푼크툼의 공포처럼 우리를 획일화된 우울함이나 사색으로 이끄는 예상치 못한 촉수가 된다.

 두 사진 속 색의 대비는 삶의 뜨거운 열정과 차가운 이성을, 감각적인 욕구와 기계적 집단을 대변한다. 이들은 서로 침범하지 않으면서 보는 이의 시선 속에서 기묘하게 융합하며, 새로운 의미의 파동을 일으킨다. 이 카페는 단순한 장소가 아니라, 마그리트가 그린 현실 속의 초현실, 그리고 바르트가 발견한 푼크툼이 공존하는 구성의 마주친 거울인 것이다.

 오랜 시간이 흐른 후, 다시 돌아와 선 고향의 푸른 잔디는 잃어버린 어린 시절에 대한 향수를 서로 보색이 되는 색으로 호출한다. 거대한 눈과 다리를 소유한 사마귀처럼 색은 결코 물러서지 않는다.

무한리필

기다림을 기다린다. 기다림은 멈출 수 없고 돌아갈 수 없고, 기다림은 그 자리에 서서 기다림의 발가락까지 통과할 수 있다. 기다림을 고발한다. 기다림을 확장한다. 기다림은 기다림 속에 미쳐가고 있다. 기다림을 분리수거한 적 있다. 기다림을 사랑한 적 있고 기다림을 피해 도망친 적 있고 기다림에 지쳐 울어버린 적도 있다. 기다림을 개발한다. 기다림을 포장한다. 기다림을 어디에 둘까 고민한다. 한때 기다림조차 기억나지 않았던

기다림을 용서하려고 여행을 떠났다. 어부들이 살아가는 하포에서 바단지린사막에서 기다림은 통역도 없이 거리를 쏘다녔다. 아무것도 기다림은 요구하지 않는다. 울지 않는다. 오직 기다림에 목이 긴 방향으로 달려갈 뿐, 기다림은 사방으로 기다림을 분출할 뿐, 기다림은 기다린 자리에서 무관하다. 기다림은 이중적이지 않고 우유부단하지 않고 돌아서지 않으며 평범하지 않다. 가장 낮은 목소리로

기다림을 기다리면, 기다림이 내 혈관으로 따듯하게 흘러들어오는 온기를 느낄 수 있다.

기다림이 있어 산다. 기다림에 감염된다. 기다림이 날 키우고 있다. 기다림이 고개를 내밀고 "야 가자" 하고 갑자기 주문을 걸 때, 기다림은 기다림 속에서 출렁인다. 내 얼룩을 지우며 다정다감함이 되어 새로운 기다림으로 질주한다. 다시 또 전송하는 창문에서 와락, 기다림이 흐물흐물, 내 입술이 녹아내린다.

나무의 꿈

숨기고 싶어도 드러나는 흔적이 있습니다.

내가 걸어온 길 위에, 누군가 남겨진 모퉁이에 그리고 회전하는 낮과 밤이 여기 기록됩니다. 아차산을 오르는 계절은 이 모든 시간을 더 먼 기억으로 둥글게 연결하네요.

   소원해진 사람의 마음도 이 나무의 속처럼 들여다볼 수 있다면 얼마나 좋을까요?
   그 사람의 마음도 그날 그 아픔의 상처로 저렇게 파였을까요?

   그러나 먼 시간으로 이동할수록 희미해지는 나무의 결이 곱습니다. 사람도 나이가 들면 익어가는 것이라고 하는 말에서 한참을 서성였을 때 있었지요.

   나무의 심장을 따라갑니다. 그가 지나온 계절의 시간들이 모두 다른 흔적으로 미어져 나옵니다. 그 길목마다 남겨둔 꿈들이 저렇게 둥근 물결을 이루는구나.

   참 아름다운 나무의 길입니다.

별마당입니다

코엑스엔 각종 행사나 전시로 분주했지요. 근처의 음식점이나 상점들이 많아 별마당은 만남의 장소가 되기도 했어요. 약속 시간 전 잠시 책을 둘러보는 재미 또한 빼놓을 수 없는 행복입니다. 다정한 연인의 모습, 한 가족의 모습, 삼삼오오 즐거워하는 얼굴에서 다 함께 사는 우리라는 동질감을 얻습니다. 테이블에 머리를 맞대고 파안대소하는 모습을 이젠 쉽게 볼 수 없을까요?

악수도 만남도 가까이 다가갈 수도 없는 마법에 걸린 듯합니다.
마스크 없이는 외출할 수 없는 매일입니다.
표정이 보이지 않습니다.
사회적 안전거리라니요. 참 슬퍼요.

하지만 우린 가까이 다가간 만큼 편안해지고 점점 정이 깊어가는 사람입니다.

고래의 꿈

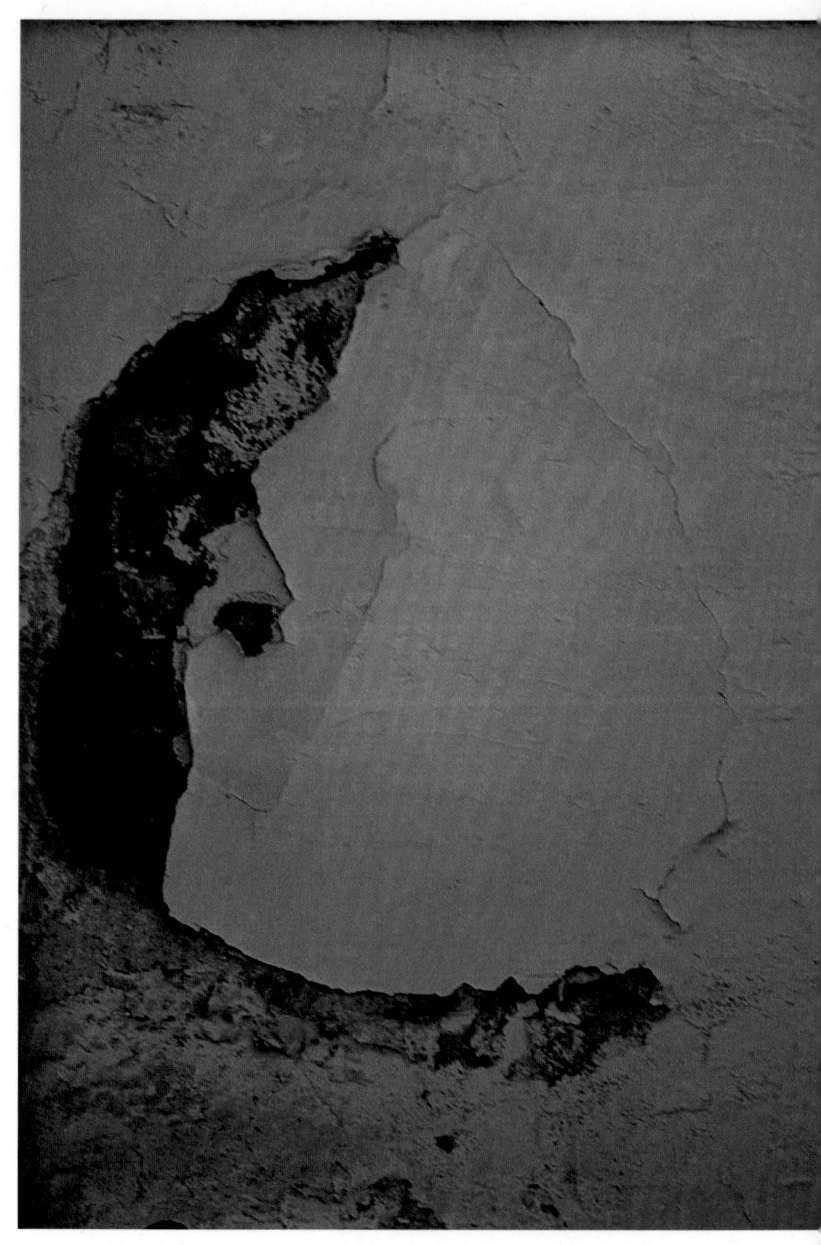

단단한 벽도 무형의 시간 앞에서 허물어집니다. 작은 미생물이 세상을 마비시키는 것처럼 보이는 것보다, 보이지 않는 것이 더 두렵다는 것을 요즘 실감합니다. 사람도 이와 같아서 오래 함께 하다 보면 서로 다른 생각이 드러나 놀랄 때가 있습니다.

작은 실수가 쌓여 신뢰를 잃어버리듯 변하지 않을 것 같은 콘크리트도 균열이 생기면서 상처를 입습니다. 상한 속이 벌어지면서 기억들이 녹슬어갑니다. 어디서 잘

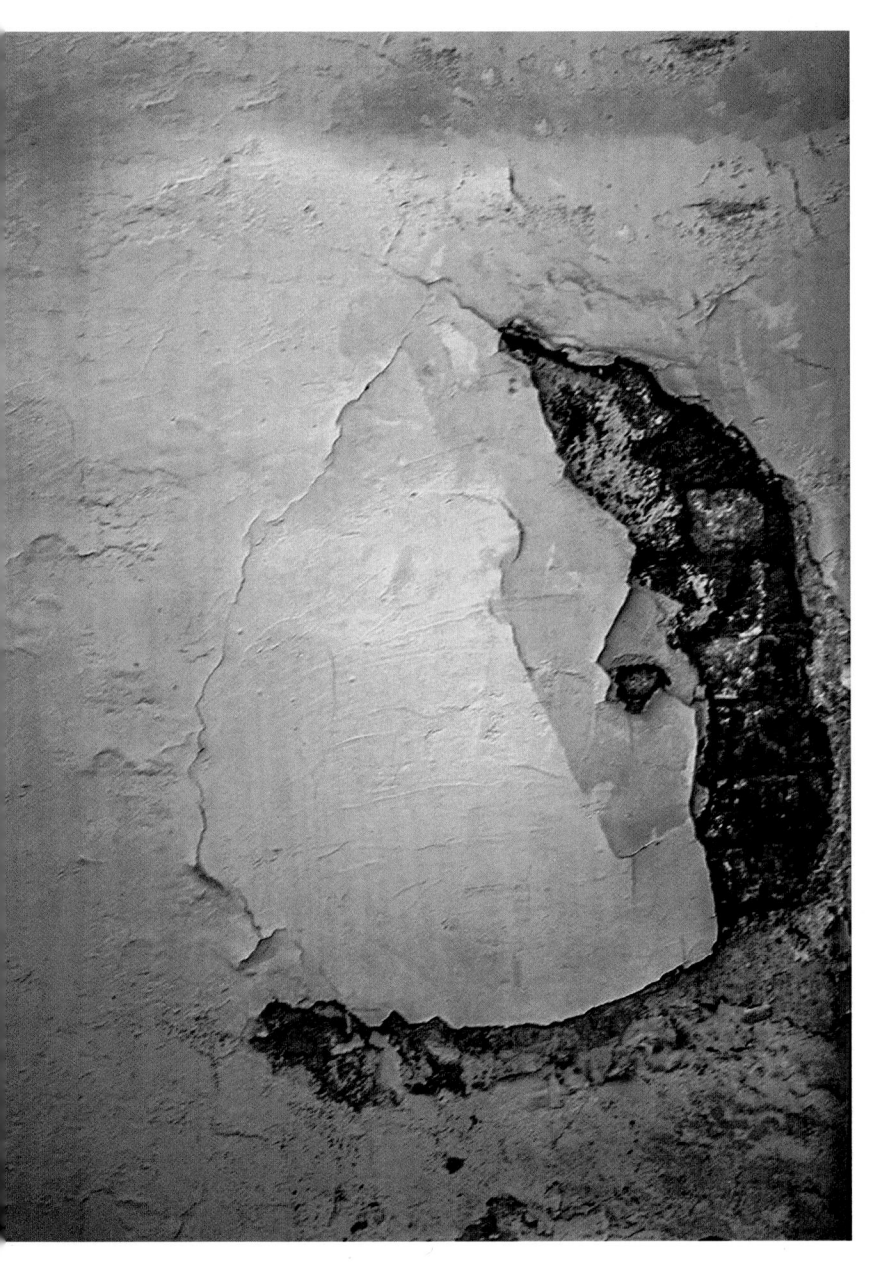

못된 것일까요, 누가 흘리고 간 틈일까요, 마치 물고기가 벽 속에서 흘러 나온 것 같습니다.

  그가 작은 새우이거나 행성을 여행 중인 우주선이거나 어쩜 속이 텅 빈 고래를 닮은 빌딩일지도 모르지요. 하지만 서로 다른 생각도 녹슬어 가는 시간도 모두 정겨운 내 옆의 얼굴 오늘입니다.

귀가

현대 사진은 시각 언어이다. 수많은 이미지들이 밀려오고 흘러 다닌다.
정지된 순간의 한 컷은 찰나의 기록이지만 빛이 남긴 이미지들은 때로 많은 말을 전해주기도 한다.
비가 온 것일까.
우산을 든 여인이 계단을 내려가고 있다.

흑백사진은 극적인 명암 대비로 시선을 집중시키는 힘이 있다.

어둠이 있어 빛이 있고 빛이 있으므로 어둠이 존재한다. 하여 빛과 어둠은 서로 다르지 않다. 힘들게 오른 산도 다시 내려와야 하고 슬픔 또한 기쁨의 배가 되는 밑바탕이라 아니할 수 없다. 안과 밖이 다르지 않다는 관점에서 바라보면 매사 긍정적인 마음이 되지 않을까?

높은 벽과 등 뒤의 거대한 어둠이 피곤했던 하루를 전해주고 있는 것 같다.
누군가의 어머니, 누이, 우리의 딸들
어둠에서 빛이 열리는 계단으로 바삐 걸어가는 발걸음이 가볍다.
그녀의 저녁 식탁은 달그락거리는 가족들 이야기로 환하겠지.

어제는 뜨거운 햇살
오늘은 비
멈추지 않는 흐름에서 우리는 하루를 보내고 또 하루를 꿈꾼다.

함께 흘러간다는 것은

오래됐다는 것은 긴 시간을 함께 버텨냈다는 것입니다.

주어진 자리에서 충실하게 하루를 보내고 또 맞았다는 것, 사람이나 물건이나 흘러간다는 것은 흘러간 만큼 흔적이 남는다는 거지요. 낡고 일그러지고 녹이 슨 철문은 뜨거운 햇살과 폭풍우 치는 어둠과 그리고 매서운 눈보라까지 모두 버텨낸 이 골목의 뭉게구름입니다. 풀 한 포기도 그냥 태어나는 것이 아니라는걸, 지금 이때쯤이면 그냥 자연히 알게 되는 세월입니다. 사랑, 열정, 욕망, 분노, 희망, 슬픔 그 외에 많은 것들이 하모니를 이루는 동행으로 우린 서로 함께 닮아가는 거 아닐까요?

걷어차면 쓰러질 것 같은 모습으로 서 있는 문, 오늘 이 철문이 내 발길을 잡습니다.

예전엔 골목이나 마을 모퉁이를 돌아서면 쉽게 만날 수 있는 모습이었지요.

끝나지 않는 언택트 시대, 한 테이블에 모여 앉아 파안대소하던 사람, 함께 밥을 비벼 먹던 사람, 오랫동안 만나지 못한 사람이 더욱 그리운 날입니다.

뭉게구름

길을 가다가 문득 올려다본 하늘의 풍경입니다.

마스크 없이 외출할 수 없던 날이기도 합니다. 흘러 다니던 마스크만큼, 질문의 문장들이 거리를 메우던 목록입니다. 비닐 캡으로 두꺼운 천 조각으로 세상의 모든 공간에 경계의 수위를 높여야 하는 방식이지요. 그 한가운데서 우리는 은둔의 고립을 택할 수밖에요. 하지만 읽을 수 없는 내면처럼, 빈 점포는 가득 흰구름을 안고 있네요. 하늘로 가는 창문이 시들지 않은 화분처럼 어떤 희망의 기호로 다가옵니다.

세상을 향해 터트린 꽃과 잎 그리고 저 붉은 기호들이 다함께 나의 뭉게구름이 되어 흘러갑니다.

나의 푸른 고래수염

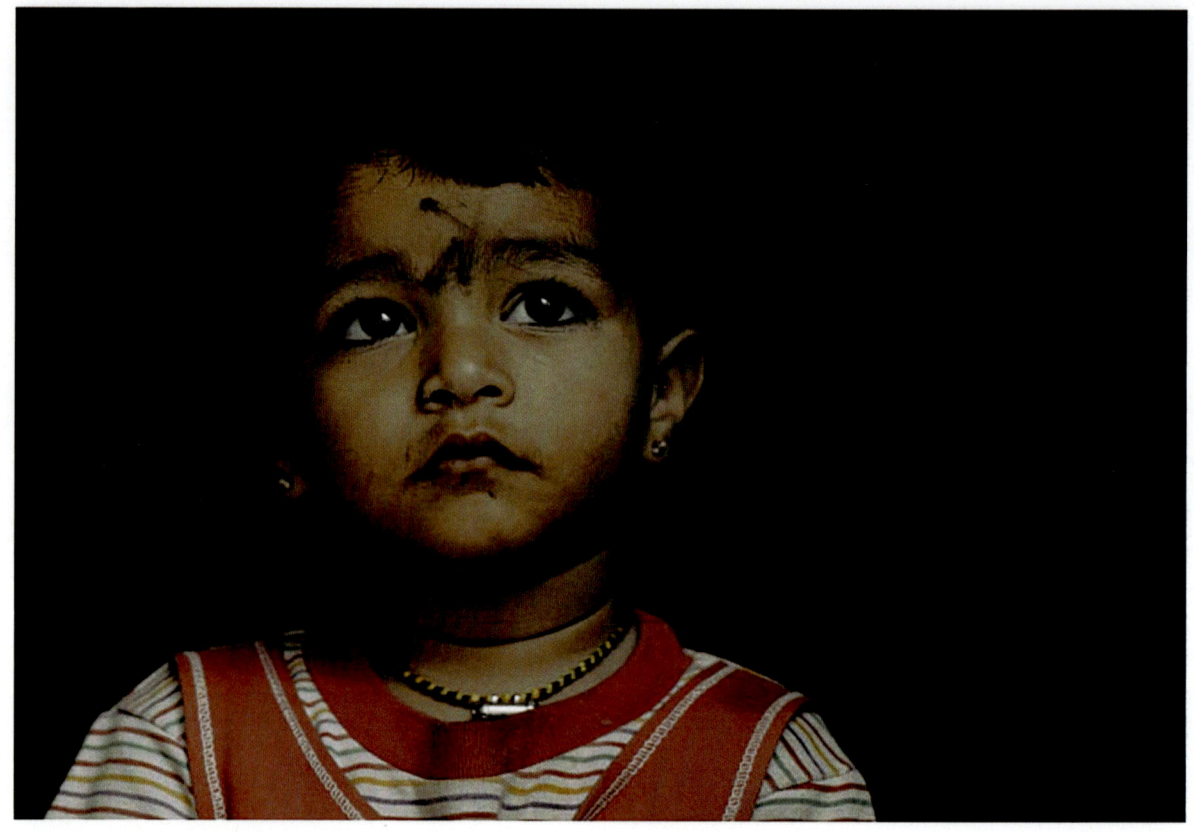

무슨 생각을 하고 있을까요?

인도 홀리축제 때 만난 라훌입니다. 방금 전까지 라훌은 어떤 놀이에 빠졌던 것일까요. 물감 놀이였나, 물장난이었나, 어쩜 모래성을 쌓고 있었을지도 모르겠네요. 이마와 코 목덜미에 남은 얼룩들이 모성을 자극합니다. 가까이 다가가도 신경 쓰지 않고 어느 한곳에 집중하는 아이의 표정이 사뭇 진지합니다.

꽉 다문 입술 아래 걸린 끈 목걸이와 작은 금속 귀고리가 궁금해집니다.

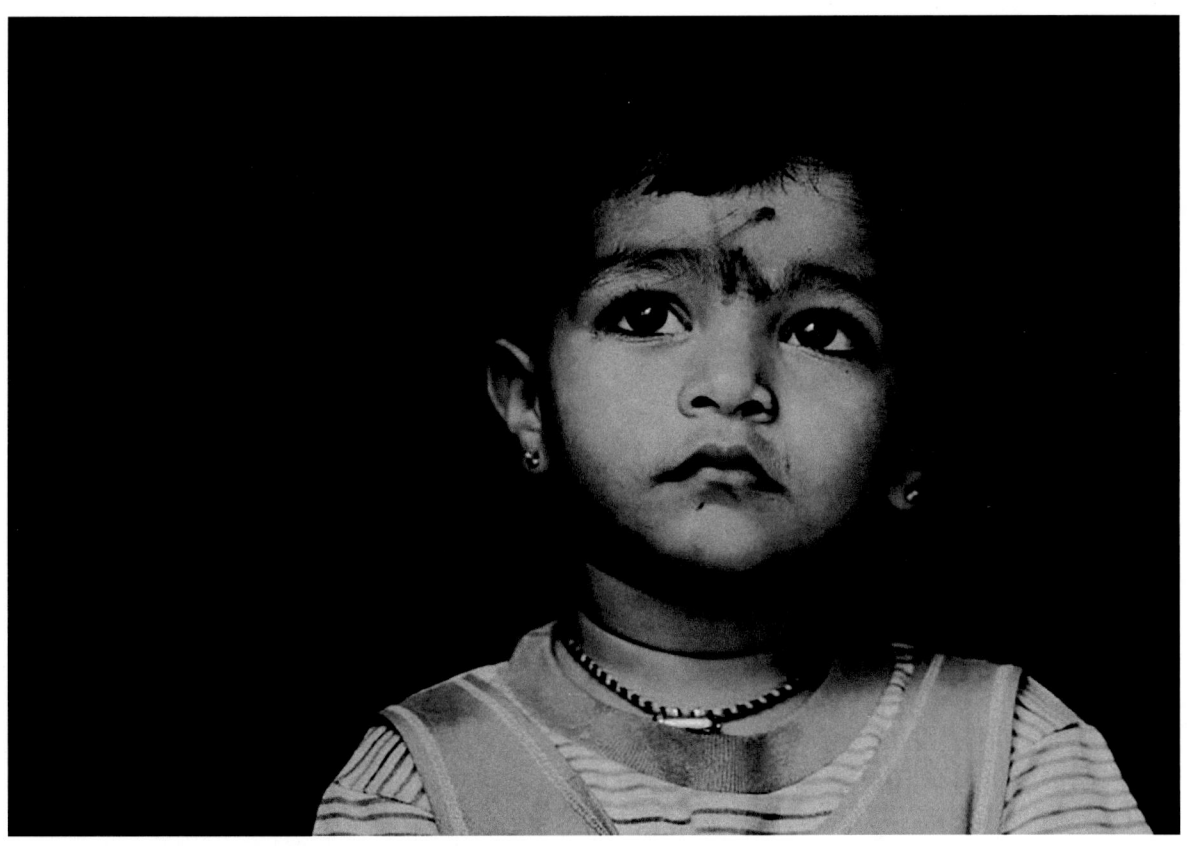

라훌은 알고 있었을까요?

카메라가 자신을 향하고 있다는 사실을, 그리하여 그는 나에게 멋진 모델이 스스로 되어준 것이 아닐까. 당당한 자신의 모습을 표현한 라훌의 거침없는 눈동자에 빛나는 창이 담겨있습니다. 눈은 백 마디 말보다 더 강한 침묵으로 상대의 마음을 흔듭니다. 우리가 잠시 스쳤던 시간, 나를 비껴서며 정면의 상단을 뚫어져라 바라보던 자세,

그 빛은 맑고 참으로 신선했습니다.

새벽을 밀며 떠오른 명선도 앞바다가 술렁인다. 멸치잡이 배들이 돌아오고 뱃머리에 선 어부들이 해무 속에 모습을 드러낸다. 만선일까? 덩달아 아침 해도 부풀고 이리저리 분주한 새들도 어부들과 함께 만찬을 준비하고 있다.

기온의 차이로 피어나는 해무가 꿈을 꾸듯 몽환적이다.

멀리 갑판 위에 두 사람이 있고, 그 밑 뱃머리에 우뚝 선 사람이 있고, 밀레의 기도가 생각나는 사람 둘이 정중앙을 차지한 작은 배 위에서 고개를 숙이고 있다. 그 위로 모습을 드러낸 아침 해는 짙은 해무로 인해 마치 보름달처럼 현현하다. 배들은 서로 겹친 채 항해 중이고 햇살과 짙푸른 바다와 몸을 흔드는 물결들, 그리고 추운 겨울을 유영하는 갈매기, 황금빛 햇살, 바다는

온통 빛의 축제로 환생적인 분위기를 표출하고 있다.

밤의 끝에서 오는 아침은 두근거리는 시작을 반영한다. 각기 다른 성질의 색들이 서로 어우러질 때, 우리는 자신이 가진 오류에서 새로운 확장의 세계로 접어든다. 어제의 바다가 오늘의 바다가 아니듯 바다 위, 모든 형상들이 매 순간 바뀌는 우리의 삶처럼 경이롭고 치열하고, 발가락까지 얼어버릴 것 같은 바닷가, 겨울 아침은

역설적으로 감각적이다. 뜨거운 색의 울림으로 만선이다.

사유의 방

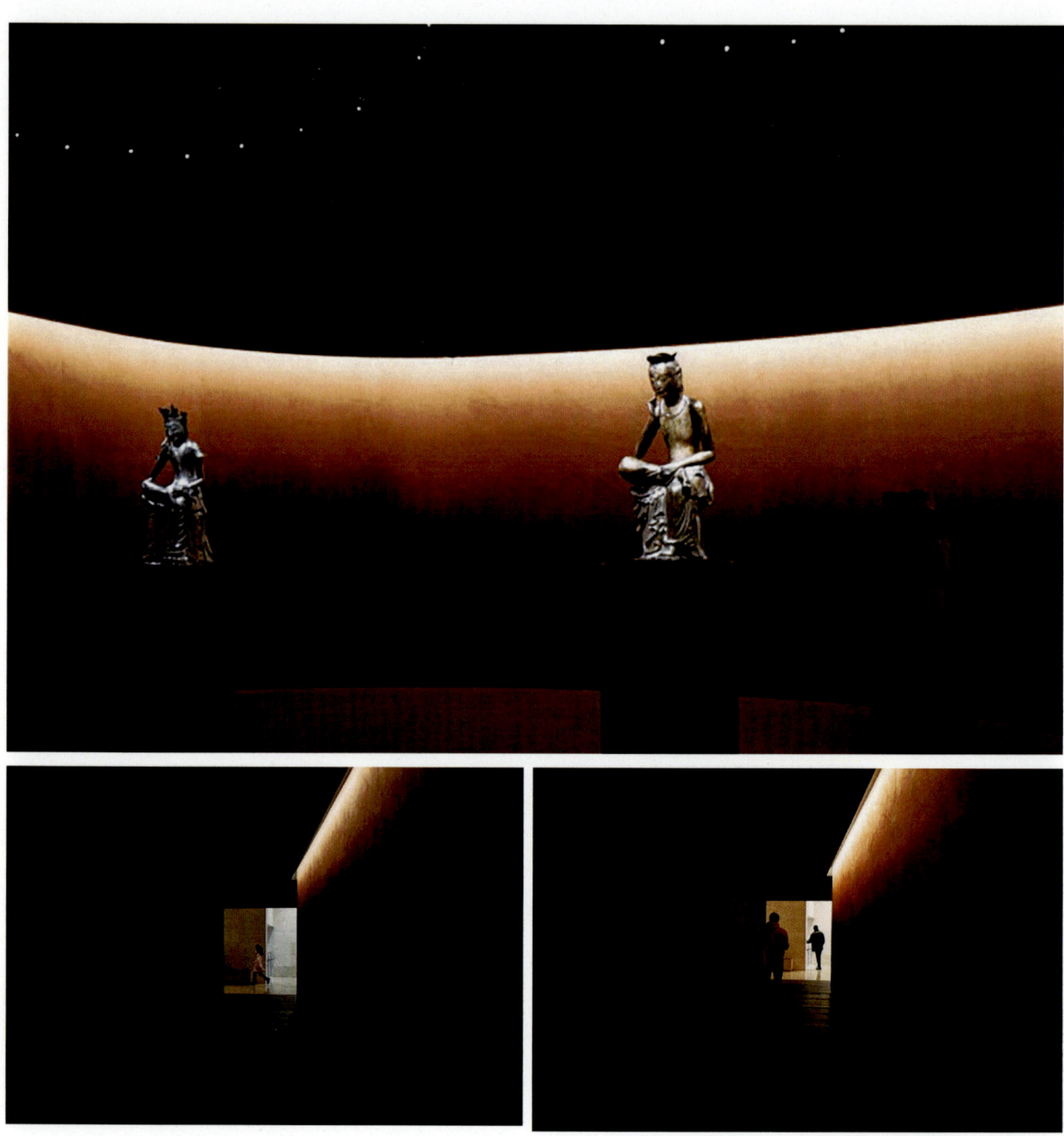

용산 국립중앙박물관에 '사유의 방'이 전시되었습니다. 빛을 최대한 절제한 골목을 지나 사유의 방(440㎡)에 들면 반가사유상 2점이 좌우에서 관객을 맞이합니다. 넓고 어두운 방에서 만난 불상은 흩어진 생각을 한곳으로 몰입하게 합니다. 고요한 방에서 나 자신과 마주하는 시간이지요. 불상을 중심으로 원을 그립니다.

반가사유상은 생로병사에 대한 고뇌와 깨달음의 찰나를 상징하며 석가여래의 생각하는 모습을 형상화했다고 전해지지요.

명상에 잠긴 온화한 미소에서 위로를 받습니다. 불교 조각으로만 한정할 수 없는 인류의 위대한 문화유산입니다. 하루 앞을 가늠할 수 없는 팬데믹의 세상, 종교를 떠나 지친 몸과 마음이 겸허해지는 순간입니다. 불교에서 말하는 불이不二 사상이 생각납니다. 있고 없음이, 이쪽과 그쪽 또한 다르지 않다는, 깨달음의 경지는 어디쯤일까요?

가늠할 수 없지만 그냥, 그저, 오래 머물고 싶은 방이었습니다.

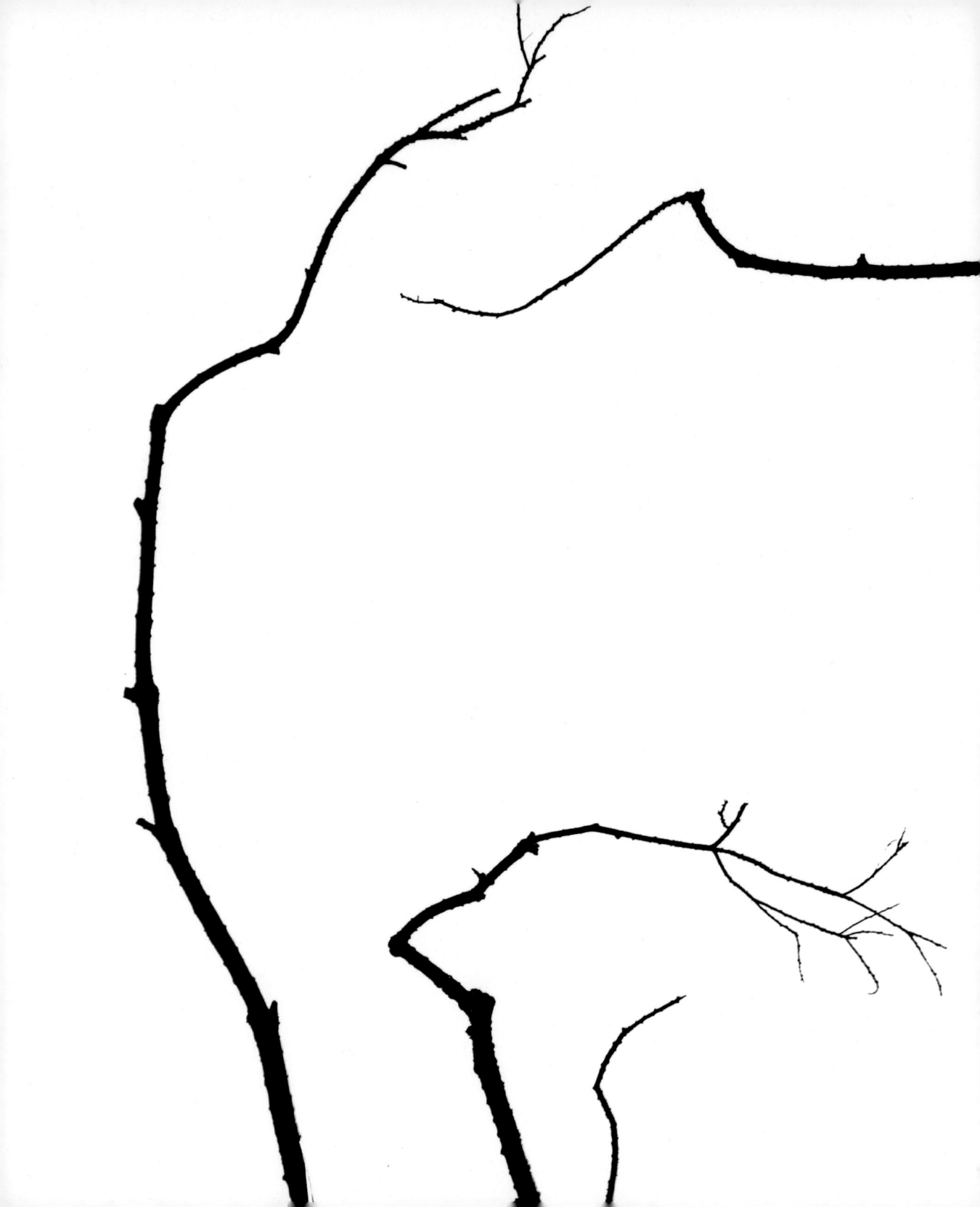